기도, 영혼이 다시 태어나는 순간

곽승룡 지음

바오로딸

기도, 영혼이 다시 태어나는 순간

2010년 12월 15일 교회인가
2011년 1월 30일 1판 11쇄 발행
2018년 3월 5일 1판 13쇄 발행

지은이 | 곽승룡
펴낸이 | 이순규
펴낸곳 | 바오로딸

01166 서울 강북구 오현로7길 34
등록 | 제7-5호 1964년 10월 15일
전화 | 02) 944-0800   팩스 | 987-5275

취급처 | 중앙보급소
전화 | 02) 984-3611   팩스 | 984-3612
ⓒ 곽승룡 · 2011 FSP 1209

값 8,500원

이메일 | edit@pauline.or.kr
인터넷 서점 | www.pauline.or.kr
통신판매 | 02) 944-0944 ~ 5
ISBN 978-89-331-1037-9 03230

차 례

들어가며
치유의 길 7 | 구원의 길 9 | 영혼 탄생의 길 11

1 청하여라, 주실 것이다 _청원기도

청하여라, 받을 것이다
기도 18 | 청원기도 23 | 하느님께서 바라시는 기도 28 | 더 큰 선물을 주신다 31

믿고 청하라
청하여라! 받을 것이다 35 | 청하기도 전에 주시는 하느님 37 | 하느님 뜻, 내 뜻? 39 | 주님의 기도, 청원기도 42 | 청하여라! 기쁨이 충만해지리라 47 | 신념으로 청하면 좌절은 사라진다 49

축복을 청하라
내려오시는 분께 청하라 53 | 내면의 소리, 지혜를 청하라 58 | 축복을 청하라 61 | 무화과 철이 아니었기 때문이다 62 | 밤을 새우며 기도하셨다 64 | 일치, 청원기도의 목표 65

청원기도 매뉴얼
청하여라, 주실 것이다 69 | 하느님의 은총으로 청하라 70 | 일치, 청원기도의 목표 72

2 서로 용서해 주십시오 _용서기도

용서를 위한 기도
용서는 우리 안에서 들리는 하느님 목소리 75 | 용서 77 | 몇 번이나 용서해 주어야 합니까? 79 | 일곱 번이 아니라 일흔일곱 번까지라도 80 | 용서 헌장 81 | 원수를 사랑하여라 83 | 용서의 3단계 85 | 1단계: 용서의 능력을 달라고 기도하라 85 | 2단계: 용서는 결심이다 87 | 3단계: 상처 준 사람들을 위해 기도하라 88 | 영혼 탄생의 길, 순례 92

참회를 위한 기도
참회기도의 3단계 95 | 참회의 1단계: 참회의 은총을 청하라 96 | 하느님 앞에서 마음을 열고 새로운 기도를 하라 97 | 참회의 2단계: 눈물을 흘려라 98 | 참회의 3단계: 말씀에 일치하라 102 | 참회, 겸손한 기도 103 | 생활 속 기도 106 | 하느님 식대로 107

고해를 위한 기도
고해기도 109 | 고해성사, 사랑 찾는 길 110 | 나눔의 힘 116 | 단순한 생활 117

고해성사 매뉴얼
용서기도의 3단계 121 | 참회기도의 3단계 123 | 고해기도 125 | 고해성사를 위한 양심성찰 가이드 127

3 행복하여라, 마음이 깨끗한 사람들 _마음기도

맑은 마음과 행복
마음속 가시를 찾아라 131 | 마음의 힘, 믿음이 약한 탓이다 133 | 기도하면 성숙해진다 135 | 열매와 잎 136 | 신속한 준비와 바른 예측 137 | 등불을 켜놓아라 139 | 천국, 음식을 나누는 공동체 140 | 성인들의 통공 143

진심을 발견하라
영혼을 바라보는 거울, 기도 148 | 응급실에 누워 있는 사회 151 | 예수님 마음 발견하기 154 | 마음의 면역력 156 | 마음 기르기 158

침묵은 마음의 휴식
침묵의 고요를 느껴라 160 | 풍요로운 침묵, 관계의 달인 164 | 고요와 침묵은 쉼이다 166 | 휴식이 필요해 168 | 마음을 긍정하라, 멋져 보이는 이유 169 | 긍정 심리학, 기도의 마음자세 175

마음기도 매뉴얼
마음속 가시를 찾아라 178 | 마음의 힘, 믿음을 기르자 179 | 영혼을 바라보자 180

4 영께서 여러분 안에 사십니다 _영혼기도

영혼의 탄생
내면의 기도, 영혼의 탄생 185 | 악에서 지켜주소서 189 | 거룩한 변모 190 | 빛과 사랑으로 변모한다 191 | '하는 기도'에서 '되는 기도'로 193 | 마음으로 드리는 기도 198

영혼을 움직이는 분
다빈치의 고백익 기도 201 | 마음을 다해 사는 사람들의 영혼 202 | 계산 없는 힘, 은총이었네 205 | 진리가 너희를 자유롭게 하리라 207

영혼의 기도
나쁜 영에 사로잡히지 않도록 기도하라 208 | 영혼의 눈을 가진 사막의 성인 안토니오 211 | 마음의 중풍, 영혼을 치유하다 213 | 영혼의 치유자, 말씀 216 | 밤샘기도 219

영혼기도 매뉴얼
내면 기도 223 | 빛과 사랑으로 변모한다 224 | 마음으로 드리는 기도 225

나가며
누구를 위한 기도인가? 228

들어가며

치유의 길

마음을 치유하는 여행은 혼자 갈 수 없다. 친구가 필요하다. 그 길은 동반자 없이 걸어가기에는 위험하고 매우 힘든 여정이다. 그러면 그 여정을 동반할 사람은 누구일까? 동반자는 상처 난 마음을 치유하는 길을 함께 걷고, 비통하고 쓰라린 마음을 알아차리며 자포자기해 절망하는 울음을 듣는다.

동반자는 바로 예수님이시다. 예수님은 지금 이 순간 나와 함께 길을 가신다. 애통한 내 길을 함께 걸어가셨고 무거운 내 마음의 짐도 지셨다. 그 길의 종점은 비통한 마음으로 못 박힌 십자가요 죽음이었다.

하지만 예수님은 죽음의 힘을 이겨냈고 인간과 세상을 위해 생명을 되살리셨다. 죽음을 이기고 새로운 생명을 선물하신, 부활하신 예수 그리스도는 마음을 치유하는 영적 여행의 영원한 동반자이며 치유자시다. 그래서 우리는 예수님 홀로 인간의 총체적 치유자요 사랑의 구원자라고 고백한다.

상처 난 마음을 치유하는 여정에서 우리는 언제 예수님을 찾고 어떻게 만날 수 있을까? 그것은 어렵지 않다. 예수님은 이미 나를 만났고 접촉하셨다. 다만 내가 느끼지 못할 뿐이다. 복음은 바로 그 사실을 다음과 같이 전한다. "그렇게 이야기하고 토론하는데, 바로 예수님께서 가까이 가시어 그들과 함께 걸으셨다. 그들은 눈이 가리어 그분을 알아보지 못하였다."(루카 24,15-16)

이 말씀처럼 나와 함께 현존하시는 동반자를 알아볼 수 없는 것은 마음이 무뎌져 민감하지 못하기 때문이다. 예수께서 이미 우리 안에 현존하신다면, 그 현존을 어떻게 느낄 수 있을까? 그것은 단순하다. 바로 기도 안에서 알 수 있다!

기도는 늘 우리와 함께 계신 예수님의 현존에 주의를 기울이는 행동 그 이상의 어떤 것이 아니다. "내가 세상 끝 날까지 언제나 너희와 함께 있겠다."(마태 28,20) 하신 말씀을 믿고 주님의 현존에 주의를 기울이면 치유하는 데 필요한 모든 것을 주신다.

사람은 깊은 충격이나 상처가 나면 한동안 그 기억에서 헤어 나오지 못한다고 한다. 나는 초등학교 6년간의 기억이 잘 떠오르지 않는다. 입학한 날, 담임 선생님, 짝꿍 얼굴, 이름도 기억에 없다. 다만 기억나는 것을 살짝 꺼내 보면 방과 후 청소한 일, 달리기와 철봉을 잘해 친구들 앞에서 시범을 보인 일, 학교 다녀와서 숙제하고 밥 먹은 일이 전부다. 오히려 초등학교 들어가기 전과 초등학교 졸업식을 시작으로 중학교부터는 기억이 생생하다. 아마도 여섯 살 때 하늘나라에 가신 어머니의 사랑이 끊긴 충격 때문이 아닐까?

어린 나이에 잃은 어머니 사랑에 대한 불안이 다른 기억을 잊어버리게 하는 일종의 치유과정이 아니었을까? 지금 사제가 되어 이같이 마음 편하게 고백하기까지 많은 이의 도움이 있었다. 그들은 먼저 나를 포함한 삼 형제를 잘 길러주신 새어머니와 아버지, 집에서 돌봐주던 누님들, 성당 신부님과 수녀님, 친구들이었다. 그들 모두는 내 마음의 치유 여행에 함께한 예수님처럼 참 고마운 분들이다.

구원의 길

예수께서 사마리아와 갈릴래아 사이를 지나가셨다. 예수님이 어떤 마을에 들어가시는데 나병 환자 열 사람이 "예수님, 스승님! 저희에게 자비를 베풀어 주십시오." 하고 청했다. 그들은 예수님 말씀대로 사제들에게 몸을 보이러 가는 동안 몸이 깨끗해졌다. 그러나 그들 가운데 한 사람은 병이 나은 것을 보고 예수님께 돌아와 엎드려 감사를 드렸다. 그는 사마리아 사람이었다. 예수님이 말씀하셨다. "열 사람이 깨끗해지지 않았느냐? 그런데 아홉은 어디에 있느냐?" 이어서 그에게 이르셨다. "일어나

가거라. 네 믿음이 너를 구원하였다."(루카 17,11-19 참조)

열 사람 가운데 한 사람만 예수님께 돌아와 감사드렸다. 아홉 사람은 치유되었지만 사마리아 사람만 구원된 것이다. 복음이 가르치는 메시지는 치유의 길에 들어선 사람은 많지만 구원의 길을 가는 사람은 많지 않다는 것이다. 치유는 나병이라는 외적 피부병을 낫게 하지만, 구원은 몸의 병뿐 아니라 마음의 병까지 낫게 한다. 아무리 병이 나아도 감사할 줄 모르는 사람은 치유단계에 머물 뿐 구원의 길에 들어서지 못했다.

사실 구원의 길에 모두 초대되었지만 그 길에 들어서는 사람은 '네 믿음이 너를 구원하였다.'라는 주님의 가르침을 받아들인 이다. 구원은 외적·내적 치유의 길이다. 총체적 치유는 구원의 길이며 이는 감사기도를 통해 이루어진다. 감사와 고마움은 기도하는 이의 마음가짐이고 구원의 길로 들어서는 증표다.

우리는 기도할 때 '십자성호'를 그으며 시작하고 '아멘'으로 기도를 마친다. 십자성호가 기도를 여는 문이라면 아멘은 닫는 문이다. 십자성호는 구원의 길로 들어서는 기도다. 곧 이마와 가슴, 양어깨에 십자성호를 그으며 시작하는 기도는 하느님의 뜻과 인간 구원을 위해 십자가에서 돌아가신 예수님을 닮겠다는 뜻이다.

십자가는 하느님과 이웃 사랑을 담고 있다. 십자가를 한 번 또는 여러 번 긋는 것으로 마음이 거룩해지고 스스로 편안해지며 사랑할 용기가 생긴다. '아멘'은 자신에게 하느님의 진리와 뜻이 확실하고 분명하게 이뤄진다는 뜻이다. 신앙인은 아멘의 기도가 인생길이 되도록 살아야 한다. 신앙인은 십자가와 아멘으로 감사기도를 드리며, 치유에 머물지 않고 구원의 길로 나아가야 한다.

영혼 탄생의 길

기도는 왜 하는 것일까? 기도는 구체적으로 무엇을 얻고 어떤 것을 포기하기 위해 하는 것일까? 기도는 '하느님과 인격적 만남'을 하는 것이다. 곧 기도는 우리의 원의를 드리는 것만이 아니라 주님 앞에 머물고 말씀을 들으며, 그야말로 몸과 마음이 온전히 그분 앞에 존재하는 것이다. 하느님과의 만남, 말씀과의 접촉 그리고 주님과의 대화가 기도다. 기도는 마음 안에 축복과 번영과 행복을 동반한 내적 치유를 이루고 영혼이 다시 태어나게 한다.

기도를 통한 주님과의 만남은 슬픔을 영적 기쁨으로 바꾸고, 억울하고 힘든 일에 마음을 내려놓지 않으며 모든 것을 긍정적으로 바라보는 힘을 준다. 그래서 좋은 일이 생기며 하는 일마다 잘되리라 믿는다. 하지만 바른 기도를 위해서는 내 안의 치유자인 복음 말씀이 내 안에서 움직여야 한다. 매일의 말씀 한

마디가 내면에서 활동하는 믿는 이로 살 때 어려운 일과 상처에서 치유되어 새로운 영혼이 태어난다.

2009년 여름 '혼자' 그러나 '함께' 가는 산티아고 도보순례 Camino de Santiago를 한 적이 있다. 순례여정을 떠나기 전, 날마다 반 시간 정도의 기도로 시작했다. 주님 말씀을 듣고 증거하며 세상의 험난한 여정을 걸어간 성인들을 마음에 새겼다.

하느님 말씀 안에서 함께 기도하고, 성인들의 삶을 돌아보며 이야기를 나누었다. 김수환 추기경, 미얀마의 아웅산 수치 여사, 미국의 비폭력 운동가 마르틴 루터 킹 목사, 가난한 이들의 성녀 마더 데레사 같은 분들 안에 말씀이 움직였다. 이들은 삶을 통해 하느님과 세상과 접촉하며 대화한 사람들이다. 이분들이 그랬던 것처럼 기도는 이웃 사랑이다. 청원기도·용서기도·마음기도·영혼기도 가운데 최고의 기도는 이웃을 위한 사랑의 기도가 되어야 한다.

예수께서도 십자가 죽음에 앞서 "저는 이들을 위하여 빕니다. …거룩하신 아버지, 아버지께서 저에게 주신 이름으로 이들을 지키시어, 이들도 우리처럼 하나가 되게 해주십시오."(요한 17,9.11)라고 기도하셨다. 예수님에게 하느님과의 대담과 의사소통은 세상과 이웃 사랑을 위한 기도다.

순례자인 우리의 성덕은 지상에서는 불완전하지만 우리는 정의가 다스리는 새 하늘 새 땅이 완성되는 마지막 날과 시간을 위해 깨어 기도해야 한다. 사도와 순교자들의 천상교회도 그리스도 안에서 지상교회와 밀접하게 결합되어 있다고 믿는다.

지상교회는 연옥영혼을 위해, 천상교회는 지상교회의 영혼을 위해 기도하며 공로를 나눈다. 천상·지상·연옥의 모든 교회는 이렇게 이웃 사랑으로 서로 일치한다. 이는 소화 데레사가 자신이 하늘나라에 있다면 지상의 이웃을 위해 기도하리라는 고백과 통한다.

대화 가운데 최고의 대화는 무엇일까? 바로 내심 대화다. 예수께서도 성전과 산에서 홀로 기도하셨다. 예수께서 모두를 위해 기도하든 당신을 위해 기도하든 그 가치는 내면에 숨어 있는 법이다. 사실 같은 말을 되풀이하는 기도는 내면을 느낄 수 없다. 하지만 성실히 기도하는 이가 느끼듯 하느님 뜻을 눈으로 볼 수 없다 해도 하느님은 우리를 위한 청원을 들어 허락하심을 우리는 믿음으로 안다.

만일 우리가 하느님께 무엇인가를 청한다면, 하느님이 청을 들으신 것이 분명하기에 그분이 주시는 선물에 성모님의 생애를 한마디로 요약할 수 있는 '예'로 응답해야 한다. 숨은 일도 보시는 하느님께서 늘 심오한 선물을 주시기 때문이다.

몇 해 전 구겨지고 상처 받은 마음을 치유하는 길은 복을 부르는 예수님의 마음을 통해 가능하다는 신념을 지니고 「복을 부르는 마음」을 집필했다. 그런데 인간 영혼과 마음에 대한 치유를 위해 복을 부르는 기도를 뜻하는 「기도, 영혼이 다시 태어나는 순간』으로 다시 펜을 든 것은 상처 받은 영혼과 마음을 건강하게 다시 태어나게 하는 치유의 영적 동반자는 우리 안에 움직이는 맑고 고요한 복음 말씀이신 예수님이라는 확신 때문이다.

  이 책 또한 복음에 나오는 예수 그리스도의 말씀 가운데 기도와 관련된 것을 발췌하여 썼다. 4장에 걸쳐 청원기도·용서기도·마음기도·영혼기도를 소개하며 각 장마다 매뉴얼 코너(시간이 없는 분들은 이 부분만 읽어도 된다)를 마련하여 내용을 정리하고 되새기게 하는 이 책을 통해 많은 이가 주님 말씀에서 나오는 맑고 고요한 기도의 힘을 받아 치유되고 영혼이 다시 태어나는 순간을 체험하길 기원한다.

청하여라, 주실 것이다
_청원기도

청하여라, 받을 것이다

　어느 날 대학생이 된 조카들과 함께 영화 〈벤자민 버튼의 시계는 거꾸로 간다〉를 보았다. 영화 속 주인공은 어린 아기가 아니라 늙은 아기로 태어난다. 그런데 늙은 아이는 시간이 흐를수록 점점 젊어지고 사랑에 빠진 소녀와의 사랑도 시간이 거꾸로 흘러간다. 벤자민은 소녀가 어릴 땐 너무 늙었고, 점점 나이 들면서 청년이 되어 늙어가는 여인과 사랑하지만 헤어질 수밖에 없게 된다.
　영화는 주인공이 갓난 아이가 되어 숨을 거두는 장면으로 막을 내린다. 이 영화가 말하고자 하는 메시지는 젊어지고 싶은 인간의 욕망과 고통이 아닐까?
　요즘 나도 젊어졌다는 말을 들으면 기분이 좋다. 오랜만에 만난 사람이나 젊은 사람이 그런 말을 하면 더욱 신난다. 사제인 나도 영화처럼 젊음의 병에 걸린 게 아닐까? 1980년대 초반, 일반 대학에 다닐 때는 어서 나이를 먹고 어른이 되고 싶었다. 그러나 언제부터인지 동창모임에 나가면 나이 들어 입학한 신학교 학번을 말한다. 젊음과 늙음은 무엇일까? 젊은이는 나이 들기를, 나이 든 사람들은 젊어지기를 바라는 마음속 본능은 무엇일까? 우리가 진심으로 바라고 청하는 것은 무엇일까?

기도

하느님께서는 우리를 당신 모습대로 창조하고 숨을 불어넣으시어 그 모습을 닮도록 우리에게 '자유의지'를 주셨다. 우리에게 주신 선물, '자유의지'를 사용하는 방법은 많지만 그중 멋진 것은 기도라고 생각한다. 자유의지로 기도하면 어떻게 되는가? 인간은 왜 기도하는가? 사람은 기도하는 대로 된다.

탁한 물속에 맑은 물을 계속 넣으면 탁한 물이 점점 맑아지듯 힘들고 어지러운 마음 가운데 그리스도의 거룩한 이름을 계속 부르면 예수님 마음처럼 되지 않을 수 없다. 우리가 끊임없이 예수님의 이름을 부르며 가슴에 품는다면 예수님처럼 행복한 사람이 되지 않을 수 없다.

신학자 매튜 폭스는 기도를 '풀리지 않는 삶의 의문에 대한 근본 처방'이라고 정의했다. 인생을 살면서 꼬인 매듭이 어디 한둘이랴. 폭스의 말은 기도가 풀리지 않는 인생의 꼬인 매듭을 그때그때 풀어준다기보다 꼬인 매듭을 인생의 한 부분으로 받아들여 동행할 힘이 생기게 한다는 뜻이 아닐까?

에이브러햄 링컨은 백악관에 기도실을 만들고, 많은 정치적 반대자들에 둘러싸여 하루하루 힘들었을 때 다음과 같이 기도했다. "이 나이가 되도록 아직도 터무니없이 부족한 저는 여기 말고는 달리 갈 곳이 없어 주님 앞에 지금까지 무릎을 꿇어왔습니다."

총탄에 맞아 고향에 묻힐 때 마을 사람들은 링컨을 '대통령'이라고 하지 않고 에이브러햄 링컨의 애칭 '에이브'라고 불렀다. 또한 내 친구, 내 조카, 동네 오빠, 꼬마 등으로 부르며 "링컨의 절규를 떠올리자. 사람들은 그는 하느님 앞에 무릎을 꿇었고 위대한 사람이 되었다."라고 고백했다.

왜 기도해야 하는가? 아빌라의 성녀 대 데레사는 이렇게 말했다. "마음기도를 하지 않는 사람을 마귀가 지옥에 밀어넣을 필요를 느끼지 않는 것은 그가 자발적으로 지옥에 가기 때문입니다." 마더 데레사의 고백처럼 기도하지 않으면 죽어서만 지옥에 가는 것이 아니라 살아서도 지옥에 간다는 말이 아닐까?[1]

요즘 전국적으로 순교자 신앙을 체험하는 도보순례를 하거나 제주도 올레길 같은 아름다운 길을 걷는 게 유행이다. 걸어서 꼬인 삶의 실타래를 풀기도 하지만 인생의 실타래와 함께 순례하다 보면 꼬임의 삶을 품고도 행복할 수 있음을 깨닫는다. 순교자들의 삶이 아마도 그랬나 보다. 마더 데레사는 다음 기도문에서 이렇게 고백했다.

---

1. 박경욱, '기도, 풀리지 않는 삶의 의문들에 대한 근본적 처방', 「인산의학」, 2010년 8월호, 83.

기도는 우리 영혼의 생명 숨 _마더 데레사

뜻과 마음에서 우러나오는 기도
우리가 책에서 읽지 못하는 기도를
마음기도라고 합니다.

우리는 완덕을 향하는 경향을 본래 지녔고
그것을 끊임없이 지향하도록 우리의 상태가
의무로 주어져 있음을 잊어서는 안 됩니다.

날마다 마음기도를 실천하는 것은
우리의 목표에 다다르기 위해 필요합니다.
기도는 우리 영혼의 숨이며
거룩함은 기도 없이 불가능하기 때문입니다.

아빌라의 대 데레사는
'마음기도를 하지 않는 사람을
마귀가 지옥에 밀어넣을 필요를 느끼지 않는 것은
그가 자발적으로 지옥에
가기 때문'이라고 했습니다.
마음기도와 영적 독서에 의해서만
우리는 기도 선물을 경작할 수 있습니다.

마음기도는 단순함, 곧 자신을 잊는 것,
육신과 감각의 극기, 우리의 기도에 꼴을 먹이는
열망에 의해 크게 양육됩니다.

성 요한 비안네는 '마음기도를 바칠 때
눈을 감고 입을 다물며 마음을 여시오.'
라고 했습니다.

염경기도 안에서
우리는 하느님께 말씀드리고
마음기도 안에서
하느님은 우리에게 말씀하십니다.

마음기도 때
하느님은 당신 자신을
우리 안에 쏟아부으십니다.

사람은 기도하는 대로 된다는 말처럼 신경과학자 캔더스 퍼트Candace Pert는 생각이 사람을 만든다는 이론을 전개한 학자로, 생각이 사람에게 미치는 영향에 대해 연구해 왔다. 뇌신경계와 면역계를 하나의 시스템으로 보는 정신신경면역학(PNI) 분야의 전문가인 그는 「감정의 분자」에서 과학자의 삶을 드라

마처럼 써 내려가면서 몸과 마음에 대한 최신 연구 결과를 소개했다.

과학자들은 오랫동안 우리 몸의 면역계는 뇌신경계와는 관계없이 방어 역할만 한다고 믿어왔다. 그러나 뇌에서 분비되는 감정에 관여하는 펩타이드라는 물질의 수용체가 뇌세포뿐 아니라 면역계와 온몸의 장기에도 있다는 사실을 최근에 발견했다. 나아가 면역계는 펩타이드를 만들며 뇌는 이를 받아들인다는 것이다.

뇌와 몸에서 분비되는 펩타이드의 총합이 우리의 감정을 이루고, 몸과 마음이 물리적으로 별개가 아니라는 뜻이다. 저자에 따르면 감정은 1차 느낌이 이니리 신체 작용에 따른 간집적인 2차 느낌이다. 우리 몸이 사건을 지각하고 그 지각이 우리의 기억과 상상을 뒤흔든 후 비로소 감정이라는 꼬리표가 붙는 것이라고 그는 설명한다.[2]

그가 내린 결론은 대략 다음과 같다. 생각은 뇌, 감정은 가슴이라는 기존 도식을 극복하고, 생각이 중앙집중식 기능에서만 나오는 것이 아니라 온몸에서 일종의 지방자치 기능을 통해 부분적으로 역할을 한다고 주장한다. 그러므로 생각은 그 사람을 만들 뿐 아니라 그 사람의 인생 자체를 전반적으로 지배한다. 또한 생각은 그 자체로 그치는 것이 아니라 어떤 물질을 만들

---

2. 동아일보, 2009년 12월 26일자.

어 낸다.

가령 희망을 품으면 뇌에서 희망에 해당하는 신경전달물질 뉴로펩타이드를 만들고, 슬픔을 생각하면 뇌에서 슬픔에 해당하는 신경전달물질을 만들어 낸다. 예를 들어 어떤 사람이 지속적으로 적개심을 품고 거기서 빠져나오지 못하면 서서히 적개심 덩어리로 바뀌기 시작한다. 뇌에서 만들어진 적개심의 신경물질은 온몸으로 퍼져 전신에 꽉 들어찬다. 이제 그 사람은 시한폭탄이다. 건드리면 '꽝' 하고 터진다.[3]

하루 종일 돈만 생각하는 사람들은 모든 것을 돈과 연관짓는다. 일부러 그러는 것이 아니라 자연스럽게 그렇게 된다. 그 사람의 뇌와 온몸에 '돈이 가득 들어 차 있기' 때문이다. 이렇듯 생각과 마음에 무엇을 담느냐에 따라 사람의 모습은 변한다. 기도할 때도 무슨 기도를 어떻게 하느냐에 따라 그대로 된다.

청원기도

나는 15년 전부터 선교사로 있는 교구신부님들을 만나러 해마다 몽골을 방문한다. 한번은 수도 울란바토르의 남방불교 사원에 구경을 갔다. 그런데 입구 쪽에 길고 약간 넓은 통이 도르래처럼 여러 개 세워져 있었고, 사람들은 손으로 통을 돌리며

---
3. 캔더스 B. 퍼트, 「감정의 분자」(서울: 시스테마, 2009) 참조.

사원으로 들어갔다. 나는 신기해서 무엇이냐고 물어보았다. 그건 바로 통 속에 불경이 있고 겉에는 소망하는 기도문이 잔뜩 적혀 있어 굳이 불경을 외거나 청하는 내용을 말로 하지 않고서도 무조건 돌리기만 하면 되는 전통적 기도 방법이었다.

이 광경을 지켜보면서 나는 이 사람들이야말로 기도의 달인이라는 생각이 들었다. 묻거나 따지거나 생각하거나 소리 내지 않아도, 필요한 기도와 불경이 적힌 통을 돌리면서 부처님의 뜻대로 자신을 위해 무엇인가를 이루어 달라는, '돌리고 돌리는 청원기도'였다.

기도 방식이 단순하고 삶에서 바라는 청원을 쉽게 행동으로 전할 수 있어, 믿음을 갖고 편안한 마음을 만들어 내는 기도의 장점을 가지고 있었다. '과연 우리는 생활 속에서 기도를 어떻게 자연스럽게 할 수 있을까?' 하는 문제는 우리의 숙제다.

고등학교 때 성당에 다녔으나 기도에 불만을 가진 한 친구가 물었다. "하느님께서 모든 것을 다 알고 계시다면 우리에게 필요한 것도 다 아실 텐데, 왜 하느님께 청해야 할까? 그냥 다 주실 것이지." 당시 친구의 말이 매우 합리적이라는 생각이 들어 고개를 끄덕이며 수긍한 적이 있다.

그런데 신학을 공부하고 사제가 되어 기도 생활을 해보니, 하느님께서 당신 모습대로 우리를 만드셨는데 이는 누르면 나오는 자판기 같은 기계인간으로 만든 것이 아니라는 생각이 들었다. 성 아우구스티노는 이 물음에 대해 다음과 같이 말했다.

"청원하는 이유는 하느님께 의지하는 것을 배우고 나에게 필요한 것이 무엇인지 알아차리는 데 있다."[4]

수업시간에 모든 것을 가르친 선생님이 어째서 질문 시간을 학생들에게 줄까? 우문현답 같지만 그간 여러 학술회의나 세미나에서 느낀 것은, 좋은 질문은 발표 논문 내용을 잘 알게 하고 글을 발표한 사람도 논평자나 참가자의 질문을 통해 새롭게 배우게 한다는 것이다. 청원기도 역시 하느님께서 나에게 필요한 것이 무엇인지 알고 그것을 선물하신다는 것을 믿는 데서 시작된다. '정말 기도하면 하느님께서 들어주실까? 정말 청하는 것을 허락하실까?' 하는 물음을 내던져야 하는 것이다.

하느님은 세상에서 일어나는 모든 것을 돌보시는데, 내 기도를 들어주실까? 믿음으로 청하는 것을 하느님께서 들어주신다고 성경은 분명하게 전한다. "내가 또 진실로 너희에게 말한다. 너희 가운데 두 사람이 이 땅에서 마음을 모아 무엇이든 청하면, 하늘에 계신 내 아버지께서 이루어 주실 것이다. 두 사람이나 세 사람이라도 내 이름으로 모인 곳에는 나도 함께 있기 때문이다."(마태 18,19-20)

그런데 청원기도에는 초급·중급·성숙이라는 세 단계가 있다. 우리 인생에서 유아기와 청년기, 중·장년기의 삶이 서로 다르듯 청원기도에도 세 단계가 존재한다. 청원기도의 초급단

---

4. T. Spidlik, *Il vangelo di ogni giorno II*(Roma: Lipa, 2004), 25-26.

계가 어린이처럼 그저 하느님께 무엇인가를 달라고만 청하는 단계라면, 중급단계는 자신에게 꼭 필요한 것을 청하는 단계이며 성숙단계는 하느님께서 바라시는 것을 청하는 단계라고 할 수 있다.

주님께서도 "너희는 기도할 때에 다른 민족 사람들처럼 빈말을 되풀이하지 마라. …너희 아버지께서는 너희가 청하기도 전에 무엇이 필요한지 알고 계신다."(마태 6,7-8) 하시며, "청하여라, 너희에게 주실 것이다. 찾아라, 너희가 얻을 것이다. 문을 두드려라, 너희에게 열릴 것이다."(마태 7,7) 하시며 아버지께 청하라고 하신다.

'빈말을 되풀이하지 마라.'는 말씀은 청원기도를 자제하라는 것이라기보다 기도의 내적 자세를 뜻한다. 빈말을 되풀이하는 사람은 사람들의 말을 듣지 못하며, 빈말이 되풀이된다면 다른 사람들도 들으려 하지 않기에 기도하는 자세와 내용도 의미없이 흘러갈 것이다.

기도는 우리에게 필요한 것을 하느님께 말씀드리는 것만이 아니라 하느님께서 들려주시는 말씀을 듣는 일이다. 모든 기도는 사실 내가 '하는 기도'에서 시작해 주님의 '뜻대로 되는 기도'로 끝맺어야 한다. 빈말을 되풀이하는 사람은 사람들의 말을 듣지 못한다. 청원드리는 것과 하느님 말씀을 듣는 것은 우리의 뜻과 부족함을 당신의 풍요로움으로 채워 달라는 기도다.

우리의 부족함을 잘 아시는 하느님은 도움을 청하는 사람의 기도를 거절하지 않으며 언젠가는 들어주신다. 당신이 주고 싶은 "좋은 것"(마태 7,11)을 주시기 위해 우리 마음을 준비하고 정화하신다. 단순히 욕구를 채우기 위해 청하면 하느님은 기도를 들어주시지 않을 것이다. 그러니 빈말을 되풀이하는 청원기도는 하지 않아야 한다.

내가 '하는 기도'에서 벗어나 주님 '뜻대로 되는 기도'를 하려면 먼저 주님 말씀을 들을 줄 알아야 한다. 자기중심으로 살아가는 영혼은 하느님이 주시고자 하는 '좋은 것'을 알아보거나 받아들이지 못한다. 간절히 바라는 사람만이 선물을 받고 선물의 가치를 올바로 알고 쓸 줄 안다.

이에 대해 루카복음은 분명히 말한다. "너희가 악해도 자녀들에게는 좋은 것을 줄 줄 알거든, 하늘에 계신 아버지께서야 당신께 청하는 이들에게 성령을 얼마나 더 잘 주시겠느냐?"(루카 11,13) 그러므로 우리는 선물에 집중하지 말고 선물을 주시는 아버지께 눈을 돌리고, 내게 좋아 보이는 것이 아니라 그분이 주고 싶어하시는 것을 받기 위해 끊임없이 청해야 한다.[5]

8개 나라에서 온 50명과 함께 스페인 산티아고 데 콤포스텔라를 도보순례할 때 우리는 하루 20킬로미터씩 6일 동안 120킬로미터를 걸었다. 원래는 800킬로미터의 길을 하루 약 20킬로미터씩 40일간 순례하는 코스다.

---

5. 정제천, '그리스도교 기도', 「신학전망」, 2009년 164호, 119-122 참조.

참가자들은 대부분 도보순례를 하는 동안 하느님께 각자의 순례 목적을 마음에 담아 청원이 이루어지길 바라며 걸었다. 어떤 이는 배우자를 만나길 바랐고, 어떤 자매는 남편과 관계 회복을 청하는 기도를 했으며, 어떤 형제는 새로운 사업을 시작하며 축복을 청하는 마음으로 순례했다. 또 미혼모 자매는 정말 하느님께서 바라시는 것이 무엇인지, 결혼해 아이에게 아빠를 선물하는 것이 좋은지 물으며 걸었다.

나도 식구들의 영육간의 건강과 신학생들의 성소를 위해 걸었다. 그런데 대부분의 순례자들은 청원기도를 하면서 참으로 주님께 청하는 것이 무엇인지를 깨달았고, 청원기도가 이루어졌다는 확신은 순례 때보다 오히려 일상으로 돌아와서 더 느꼈다며 주님께 합당한 청원기도를 해야겠다는 다짐을 했다.

하느님께서 바라시는 기도

주님, 제 아들에게 자비를 베풀어 주십시오. 간질병에 걸려 몹시 고생하고 있습니다.(마태 17,15)

복음에서 간질병에 걸려 고생하는 아들을 위해 청원기도를 하는 부모를 볼 수 있다. 간질병에 걸린 아들의 부모는 정말 지푸라기라도 잡는 심정이었을 것이다. 부모라면 정성을 다해 주님께 청할 것이고 무엇이든 불가능은 없다고 믿을 것이다. '하느님 아버지의 뜻이 이루어지게 하소서.'라고 청원기도를 하면, 분명히 그것을 받게 된다고 믿기 때문이다. 청원기도의 어려움은 '청원하는 것이 참으로 하느님 뜻인지 어떻게 확신할 수 있는가?' 하는 것이다.

개신교 형제들 사이에서 상당히 애용되고 가톨릭의 성령쇄신기도 회원들 사이에서도 통용되는 중보기도가 있다. 이 기도는 청원기도 형태지만 내용에 따라 뜻이 복음과 멀리 또는 가까이 있다. 이웃과 경쟁하거나 비교해 자신만을 위한 기도가 된다면 예수님이 알려주시는 기도의 가르침과 거리가 멀다. 다른 사람들보다 잘하기보다 전보다 잘해야 하고, 이웃과 비교하기보다 자기 목표에 비추어 살펴야 한다. 사실 경쟁과 비교는 다른 사람이 아니라 자신과 하는 것이다.

그렇지 않다면 아무리 기도를 많이 해도 자칫 자신도 모르는 사이에 구약의 축복과 승리 중심의 신앙관에 기초한 기복적 요소와 무속의 미신적 요소가 습합(褶合: 철학이나 종교 따위에서 서로 다른 학설이나 교리를 절충함)된 중보기도가 될 수 있다. 문제는 중보기도가 아니라 중보기도의 자세와 내용에 있다.

불확실한 현재와 미래에 일어날 불미스런 사건을 극복하고 모든 행위와 사업의 성공, 건강과 승진을 바라지 않는 사람이 있겠는가? 누구나 모든 일이 잘되길 바란다. 그러나 모든 일을 경쟁하고 비교해 자기주도로 승리하거나 혼자 잘되기만을 바라는 성공지향기도가 될 때 중보기도는 주님이 바라시는 것이 아니다. 하지만 자신만의 성공·축복·치유·수익·취업·승리가 아니라면 얼마든지 중보기도를 해야 한다. 진실로 우리가 바라는 중보기도는 내 뜻이 주님의 뜻과 만나는 기도여야 한다.

성 요한 금구金口는 '죄의 용서를 청하는 것도 주님의 뜻이다.'[6]라고 말씀하신다. 그렇다. 내가 죄까지 용서받는데 그 밖의 청원이 어찌 이루어지지 않겠는가? 매일 미사를 봉헌할 때 '주님, 죄인인 저에게 자비를 베풀어 주소서.' 하고 드리는 기도는 참으로 아름다운 청원이다. 주님께서는 청하기도 전에 좋은 것을 선물하시기에, 주님께 먼저 필요한 것을 청한다면 자신의 수고로움을 더시듯 기뻐하면서 선물을 주시지 않겠는가? 청원기도는 주님께서 축복, 곧 자비와 용서를 베풀어 주신다는 것을 확신하기에 자비로우신 주님 뜻 안에서 이루어진다고 믿어야 한다.

살짝 고백하건대 나도 미사 때마다 습관적으로 '주님, 저희의 기도를 들어주소서!' 하고 청원기도를 한 적이 있다. 핑계 같지만 '믿는 이들이 얼마나 많이 주님께 자비를 구하는가? 나라도 수고로움을 덜어드려야지' 하며 깜찍한 선심(?)을 쓰곤 했다. 그런데 사람은 자신의 청원이 이루어지지 않았다고 생각한다.

---

6. T. Spidlik, *Il vangelo di ogni giorno II*, 59.

그렇다면 주님은 우리가 드리는 청원을 듣지 못하는 귀머거리인가? 그렇지 않다. 먼저 주님께 내가 필요한 것을 청하고 자신이 처한 상황을 알아 달라고 청한 다음 바람과 원의를 묻는 것이기 때문이다.

에이브러햄 링컨 대통령은 국회에서 중요한 결정을 하기 전 종종 의원들에게 다음과 같이 하느님의 도움을 청하는 기도를 했다. "하느님은 청하는 이들을 항상 도우십니다! 하지만 우리가 바라는 것이 아니라 하느님께서 바라시는 것을 위해 기도합시다." 링컨 대통령은 기도할 시간이 없다면 생활하는 시간도 없다며, 바쁜 국정 가운데서도 기도하기를 게을리하지 않았다고 한다.[7]

이처럼 청원기도를 할 때는 다음과 같은 세 가지 원칙을 생각해야 한다. 첫째, 무엇이 필요한지를 되묻는다. 둘째, 욕심 없는 마음으로 청한다. 셋째, 공동선共同善에 부합한 것을 청한다.

더 큰 선물을 주신다

예수님이 "하늘에 계신 아버지께서야 당신께 청하는 이들에게 성령(좋은 것)을 얼마나 더 잘 주시겠느냐?"(루카 11,13) 하고

---

7. 같은 책, 133.

말씀하신다. 이 말씀 전에 "…자녀들에게는 좋은 것을 줄 줄 알거든" 하시는 것으로 봐서 성령을 '좋은 것'으로 이해해도 무리가 없을 것이다.

부모는 자녀들에게 모든 것을 내준다. 하느님 아버지의 이 같은 사랑은 말씀 속 기도를 통해 만날 수 있다. 그러니 기도는 나를 하느님께 인도해, 영적 부모이신 하느님이 주시는 사랑의 신비에 참여하도록 부르는 초대다. 이 초대에 영혼과 마음이 함께 응답하면 하느님이 내려주시는 사랑을 만난다.

하느님은 자녀가 바라는 모든 것을 선물하고 싶어하신다. 그래서 하느님은 무엇이든 당신께 청하도록 우리를 초대하신 다음 그것을 선물로 주신다. 하느님 아버지는 본디 가지고 있는 것 가운데 가장 좋고 완전하며 거룩한 것을 주신다. 그러기에 우리가 청해야 하는 것은 바로 하느님이 주시고자 하는 것을 먼저 청하는 것이다.

예수님이 "너희는 먼저 하느님의 나라와 그분의 의로움을 찾아라. 그러면 이 모든 것도 곁들여 받게 될 것이다."(마태 6,33) 하고 말씀하신다.

신학교에서 살다 보니 방학 때 성지순례할 기회가 가끔 찾아온다. 순례 기간 가운데 한 예식은 성지성당에서 초를 봉헌하는 것이다. 사제인 나는 초를 켜서 봉헌 기도하는 것을 쑥스러워한다. 그래서 촛불 앞에서 기도하며 '초 봉헌 하지 않아도 청원기도를 들어주실까?' 하고 엉뚱한 생각을 한 적이 있다.

2010년 가을 신학교 부제들과 이집트에서 출애굽 순례를 했다. 카이로 나일 강가에 자리한 콥틱 동방정교회의 작은 성당에서 커다란 초에 불을 밝혀 봉헌했다. 성지를 순례하는 사람들은 무엇인가를 청하기 위해 초를 밝혀 봉헌한다. 그런데 '우는 아이 젖 준다.'는 말처럼 '만일 내가 청하지 않으면 하느님께서 주시지 않을까?' 하는 생각이 들었다.

이 물음에 성 아우구스티노는 자상하게 대답한다. "비록 하느님께 청하지 않더라도 하느님은 늘 우리에게 은혜를 주신다. 그러므로 우리가 필요한 것은 모두 기도로 청하라." 또한 성 암브로시오는 "기도할 때 큰 것을 청하라."고 했으며, 오리게네스는 "영적인 것을 청하는 사람에게 물질적인 것은 거저 주어진다."라고 했는데, 물질적인 것은 영적인 것의 그림자이기 때문이다.

신비가 안젤로 살레시오는 "하느님께서 큰 선물을 주시길 좋아하시지만 불행하게도 우리가 그것을 받기에 작은 마음을 가지고 있다."고 말한다.[8]

그렇다. 우리 가운데 누구도 아버지께 어떤 것이라도 청원하기를 부끄러워하고 난처해하며 주저하거나 위축되지 말아야 한다. 좋으신 아버지는 우리에게 좋은 것만 주시기 때문이다.

2010년 사순 시기에 브라질 상파울로의 성 김대건 성당의 피

---

8. T. 스피들릭, 「마음으로 드리는 기도」(서울: 성바오로, 2001), 28-29.

정을 도와주러 갔다가 상파울로에서 남쪽으로 두 시간 정도 거리인 성모성지 아파레시다Aparecida를 순례할 기회가 있었다. 성모성지로 탄생하게 된 것은, 그 지역 어부들이 물속에서 성모상을 발견해 모시면서 생각지 않은 일상의 신비한 기적이 일어났기 때문이다.

지속적으로 발생한 성모님에 대한 기적의 대부분은 성모상과 관련되어 있으며, 성모님은 비천하고 가난한 사람들에게 나타나셨다. 대성당 지하에 알코올의존증·교통사고·마약·노름·암의 고통을 치유받은 사람들이 보낸 많은 편지와 증표는 그들의 영혼이 다시 태어난 것을 느끼게 했다. 그 가운데 몇 가지 인상적인 것을 소개하면 다음과 같다.

앞을 볼 수 없는 소녀가 성모님의 인도로 목적지까지 무사히 걸어간 일, 성모님 앞에서 기도를 하는데 촛불이 꺼지지 않고 계속 타오른 신비한 사건, 부패한 정부 관리가 성당 안으로 말을 타고 들어가려다 말이 움직이지 못하게 된 일, 사냥하러 간 산에서 맹수의 공격을 받았으나 이를 막아준 기적, 헐벗고 굶주린 노예를 묶어놓은 쇠사슬이 성모상 앞에서 모두 끊어진 사건이다.

이 모든 기적은 힘들고 어려운 삶을 살아가는 사람들을 위해 일어난 사랑의 기적으로 복음서에서 보는 예수님의 가르침에 가까이 있다. 이 기적은 브라질 사람들을 기도 생활로 이끌었고, 90퍼센트가 넘는 가톨릭 신자들이 드리는 기도의 신비다.

믿고 청하라

청하여라! 받을 것이다

둘째 아들로 태어난 나는 다른 형제들보다 부모님의 사랑을 많이 받았다. 형과는 두 살 터울이고 막내 동생하고는 다섯 살 차이가 난다. 산파가 엄마와 아기를 이어주는 탯줄을 자르면서 병균에 감염된 어머니는 막내 동생을 낳으시고 일 년 후 하느님 품에 안기셨다. 그런데 어머니께선 나를 키우면서 '신부님, 신부님' 하며 사제 되길 청원하셨다는 얘기를 나중에 들었다.

네 살 무렵 종종 논산 등화동 외할머니 댁에 놀러 간 적이 있다. 나는 기억나지 않지만 이모와 외삼촌이 말씀하시길, 외삼촌들이 네 잎 클로버로 사제의 영대를 만들어 내 목에 걸어주었고, 아버지께 서서 강복을 준 적이 있다는 것이다. 이렇듯 어머니께서 끊임없이 사랑을 담아 나를 위해 청원기도를 하셨고, 어머니의 청원기도는 나를 사제직에 인도했다는 생각이 든다. 수녀원에 들어가셨다 몸이 아파 수도자의 꿈을 이루지 못한 어머니의 청원이 결국 둘째 아들인 나를 통해 이루어진 것이다.

이와 같이 부모뿐 아니라 위대한 사람들도 자신의 삶이나 꿈을 이어갈 후계자나 제자를 찾는다. 스승은 자신의 능력까지 제자들에게 줄 수 없다. 제자들의 노력과 역량 여하에 따라 배우고 익혀야 하기 때문이다. 그런데 예수께서는 이천 년 전에 열두 명의 제자를 직접 뽑아 가까이 부르신 다음 당신의 영적 권한을 주셨다. 그리고 예수님은 요한복음에서 다음과 같이 용기를 불어넣으신다. "지금까지 너희는 내 이름으로 아무것도 청하지 않았다. 청하여라. 받을 것이다."(요한 16,24)

이스라엘 성지순례를 가 보니 이천 년 전 열두 사도는 지금보다 훨씬 좋지 않은 상황에서 살았을 것이 틀림없다. 현재 이스라엘의 지형과 날씨만 보더라도 한국과 비교할 수 없다. 사도들은 그런 악조건에서도 부활하신 주님을 선포했다. 오늘날 교회는 사도들의 이름을 기억하며, 사도들은 교회의 기둥이 되었다. "보라, 내가 세상 끝 날까지 언제나 너희와 함께 있겠다."(마태 28,20)는 말씀이 사도들에게 힘을 실어주었는데, 그것은 그리스도의 힘과 능력이 그들과 함께 있기 때문이다. 그러니 늘 함께 계신 주님이 희망임을 믿어야 한다. 이스라엘을 순례하면서 아직도 유적지 속에 살아 계신 말씀과 예수님, 사도들의 인격을 느낄 수 있었다.

로욜라의 성 이냐시오는 하느님께서 자신을 제자로 부르신데 확신이 있는지, 그것을 수행할 만한 능력이 있는지 종종 묵상했다. 이처럼 세상에서 많은 시험과 고통을 겪으면서 주님의 부르심과 사랑을 실천하는 데 자신이 어느 자리에 있으며 또한 적합하게 살고 있는지 식별하는 것은 어렵다. 하지만 걱정하지 말아야 할 것은 하느님께서 우리를 부르실 때는 파견할 이유와 그것을 실행하는 데 필요한 모든 능력을 분명히 주신다는 사실이다. 성 이냐시오는 '청하여라! 받을 것이다.'라는 말씀을 믿었다.

청하기도 전에 주시는 하느님

사도(使徒, apostle)의 그리스어 어원은 나라와 나라 사이의 외교 관계를 좋게 유지하고 개선하는 대사大使로서의 역할과 가치라는 뜻을 지닌다. 하느님의 대사로서 세상 끝 날까지 그분의 축복을 전한다면 나는 축복의 은총을 전하는 사도이며 은총의 유통업자라고 생각한다. 유통업자는 파는 사람뿐 아니라 사람들이 원하는 물건은 무엇이든 구해 준다.

주님께 청하면 성령께서 필요한 모든 것을 구해 주셔서 번영을 이룰 수 있다고 믿는다. 태초부터 하느님은 사람을 만드시고 당신 생명을 불어넣어 축복을 주시는 분이기 때문이다.

하느님은 세상을 창조하시고 사람을 당신 모습을 닮도록 흙으로 빚어 만드시며 코에 생명의 숨을 불어넣어 주셨다. 하느님은 흙으로 인간을 만드시기만 한 것이 아니라 완전한 생명의 숨을 불어넣어 인간으로 부르셨다. 이같이 사도 정신을 불어넣으시는 분은 바로 성령이시고, 성령을 통해 하느님의 영감이 이루어진다.

성 바오로 사도의 고백을 들어보자! "하느님의 은총으로 지금의 내가 되었습니다. 하느님께서 나에게 베푸신 은총은 헛되지 않았습니다. 나는 그들 가운데 누구보다도 애를 많이 썼습니다. 그러나 그것은 내가 아니라 나와 함께 있는 하느님의 은총이 한 것입니다."(1코린 15,10) 바오로 사도가 고백하듯 청하기도 전에 주시는 하느님께서 우리에게 필요한 은혜를 주신다는 것을 믿는다. 그러니 청하는 것은 벌써 받았다고 믿으면 이미 이루어진 것이다.

산티아고 순례길에서 들은 이야기다. 결혼도 하지 않고 아이가 생겼다. 그래서 부모의 집을 나왔고, 식구들과도 헤어져 혼자 아이를 키웠다. 직장생활과 가정생활이 아무리 힘들어도 그런대로 참을 수 있었다. 하지만 아빠 없이 혼자 아이를 키우며 산다는 세상의 시선은 견디기 힘들었다. 그럴수록 엄마와 아들은 성당에 가서 열심히 기도했다. 다행히 아들도 건강하게 자랐다. 미사 복사를 하면서 신부님의 전례를 도와 사랑도 많이 받았다.
어느 날 할아버지와 할머니께서 손자를 받아들이겠다는 기쁜 소식이 왔다. 산티아고를 향해 걸어가면서도 그 자매가 청원기도를 하는 것은 아이를 위해 결혼을 하고 아빠 엄마 그리고 아들과 함께 성가정을 이루는 문제다. 그런데 순례를 마치고 용기가 생겼다. 어떤 결정을 내리더라도 아들과 엄마는 지금처럼 기쁘게 살아갈 수 있다는 힘이 생긴 것이다. 청원기도가 이미 이루어진 셈이다.

　이 이야기의 주인공은 나와 함께 산티아고 도보순례를 했던 순례자 가운데 미혼모로 아들과 사는 일본 가톨릭 교우다. 그녀는 아들과 함께 걷고 고해성사를 하면서 순례했다. 지금도 아들과 함께 열심히 신앙생활을 하며 지낸다는 소식이 가끔 들린다.

　하느님 뜻, 내 뜻?

　신앙을 가진 사람들은 무엇인가를 청하기 위해 신성에 가까이 다가간다. 하느님께 청원기도를 하기 위해 거룩한 곳, 성상, 축성된 건물을 기꺼운 마음으로 세운다. 그런데 구약성경의 창세기를 보면 기도하는 마음 자세를 비교할 수 있는 두 장면을 만난다. 하나는 바벨탑이고 또 하나는 야곱의 사다리에 관한 이야기다. 단적으로 말하면 바벨탑은 하느님 뜻이 아니라 내 뜻, 곧 인간의 힘으로 하늘로 오르려는 욕심인 데 반해 야곱의 사다리는 야곱의 뜻, 곧 내 뜻이 오르는 것이 아니라 바로 하늘의 천사로 상징하는 하느님 뜻이 내려오는 사다리다.

　그리스도교의 진리는 바로 여기서 나타난다. 우리는 인생 여정에서 과연 자신의 뜻을 구하는지, 아니면 하느님 뜻을 구하며 사는지 돌아볼 필요가 있다. 내 뜻을 구하는데 뭐 그리 문제가 있겠는가?

하지만 그것에 대해 한두 번 눈감다 보면 본래의 뜻이 완전히 뒤바뀌어 하느님 뜻을 피하고 자기 뜻만 펼치게 될 때 바로 우리 안에 바벨탑이 세워진다. 결국 '공든 탑이 무너지는 사건'이 일어난다. 그러므로 우리는 먼저 하느님 뜻을 구해야 한다. 그럴 때 내 뜻은 당연히 하느님 안에서 이루어짐을 믿어야 한다.

하지만 자기 뜻을 구하기 위해 굳이 싸워야 한다면 구약의 야곱 방식을 모방하면 된다. 야곱은 자기 뜻을 고집하며 복을 구하기 위해 하느님과 밤새 싸웠다. "저에게 축복해 주시지 않으면 놓아 드리지 않겠습니다."(창세 32,27)라고 엄포를 놓은 야곱은 자기 문제에 대해 이웃이 아니라 하느님과 싸워 축복을 얻어내고 만다. 성경은 그 사실을 다음과 같이 말한다. "'네가 하느님과 겨루고 사람들과 겨루어 이겼으니, 너의 이름은 …이스라엘이라 불릴 것이다….' 하고는, 그곳에서 야곱에게 복을 내려주었다."(창세 32,29-30)

그러나 아담이나 카인처럼 자기 뜻을 이루기 위해 악과 대화하고, 동생과 경쟁하며 질투하여 일어난 싸움은 축복이 아니라 유혹과 죄악을 불러일으켜 결국 실낙원과 죽음을 만든다. 우리는 어떤 형태로든 하느님이 아닌 이웃과는 싸우지 말아야 한다. 오히려 내면 깊이 감추어진 육적·심리적·영적 문제와 싸워야 한다. 자신과 공동체 안에 감추어진 문제를 놓고 하느님과 싸운다면 분명 야곱처럼 축복을 받게 될 것이기 때문이다.

고대 로마인들은 이러한 기도를 인간의 참된 삶으로 보고 진심으로 바라는 청은 진실이 담긴 법적 계약 형태로 보았으며, 지성인들은 자신이 갖는 의문을 기도 형식으로 청하면서 양성되었다. 유다인들은 둘이 짝이 되어 서로 물음을 청하면서 탈무드 공부를 진행한다. 기도 또한 하느님께 자연스럽고 솔직하게 뜻을 물으며 하면 큰 힘이 생길 것이다.

하느님이 내가 바라는 청을 들어주셨다면 과연 합당한 청원인가? 내가 바라는 것이 참된 것인가? 내가 바라는 무엇이 이루어지려면 어떻게 청해야 하는가? 그러나 종종 자신이 내심 바라는 것은 감추어져 있다. 세상과 내 삶이 과연 하느님 뜻에 따라가고 있는가, 아니면 내 뜻에 따라오라고 하는가? 과연 옳은 답은 무엇인가? 내가 해결할 모든 문제 앞에서 기도하며 주님과 싸워야 한다. 분명 축복이 일어날 것이다.

복음사가 사도 요한의 말을 들어보자. "사랑하는 여러분, … 우리가 청하는 것은 다 그분에게서 받게 됩니다. 우리가 그분의 계명을 지키고 그분 마음에 드는 것을 하기 때문입니다."(1요한 3,21-22) 그렇다. 하느님의 뜻이 그리스도와 함께 이루어지는 것처럼 내 삶도 그리스도와 함께 일치해야 한다. 그러므로 그리스도의 이름으로 하느님께 청하면 놀라운 신비가 생긴다는 것을 믿어야 한다. 곧 내 뜻과 하느님 뜻이 하나 되는 일치 안에 우리 삶이 기초를 이룬다.

다시 사도 요한의 말에 귀 기울여 보자. "우리가 무엇이든지 그분의 뜻에 따라 청하면 그분께서 우리의 청을 들어주신다는 것입니다. …누구든지 자기 형제가 죄를 짓는 것을 볼 때에 그 것이 죽을죄가 아니면, 그를 위하여 청하십시오. 하느님께서 그에게 생명을 주실 것입니다."(1요한 5,14.16)

주님의 기도, 청원기도

이제 교회에서 유산으로 내려온 기도문을 만나보자! 교회 안에는 많은 기도가 있다. 그 가운데 첫자리는 '하늘에 계신 우리 아버지'로 시작하는 주님의 기도다. 왜 이 기도가 완전하며 모든 기도의 중심에 있는가? 그것은 주님의 기도가 모든 전례와 미사성제의 중심에 있으며, 모든 기도의 시작이요 내용이며, 믿는 이들의 삶이 어떠해야 하는지를 말하기 때문이다.

주님의 기도가 왜 중요한가? 제자들은 주님께 "기도하는 것을 가르쳐 주십시오."라고 청했다. 이렇게 주님의 기도는 예수께서 제자들이 청한 기도를 직접 가르쳐 주셨을 뿐 아니라 복음을 요약해 놓은 그리스도교 진리를 담고 있기에 중요성이 더한 것이다.

그리스도교 진리란 다른 것이 아닌 '사랑agape'인데, 이는 삶의 양식과 문화·예술·음악·영화·연극 등 수많은 문화 장르에서 다루어졌다. 그런데 그리스도교 진리는 성경, 곧 모든 율법서·예언서·지혜서·복음 그리고 교회의 성사 안에 자리 잡고 있다. 성경과 성사의 중심에 그리스도교 진리인 '사랑'이 움직인다.

이같이 교회 생활의 중심에 존재하는 '사랑'의 복음과 주님의 기도는 두 가지 차원에서 가르친다. 하나는 하느님 사랑이요 또 하나는 인간 사랑인데, 이 둘은 같은 계명이며 그리스도교 진리인 하느님 사랑에 기초해 가르친다.

주님의 기도는 하늘의 뜻이 땅 위에 내리고, 모두가 하느님 뜻에 따라 살아가도록 믿음과 희망과 사랑으로 드리는 기도다. 암브로시오 성인은 본디 하늘과 땅이 분리되지 않았기에 하느님은 낙원을 땅에 창조하셨고, 그곳에서 우리와 함께 거처하신다고 말씀하셨다. 아우구스티노 성인을 비롯한 여러 성인은 주님의 기도를 두 가지로 구별하면서 첫 부분은 하느님의 영광을 위한 세 가지 청원기도로, 둘째 부분은 인간의 구원을 위한 네 가지 청원기도로 이루어진 일곱 개의 구원을 위한 청원기도라고 말했다.[9]

이처럼 주님의 기도는 전반부인 하느님께 드리는 청원기도와 후반부인 인간을 위한 청원기도로 이루어진다. 예수님은 하느님과 인간에 대해 같은 사랑을 살아가도록 이끄는 일곱 가지 청원기도를 주님의 기도로 가르쳐 주셨다.

주님의 기도는 영어로 'Our Father' 하고 시작하며, 라틴어로는 'Pater Noster', 이탈리아어로는 'Padre nostro' 하고 기도드

---

9. T. Spidlik, *Il vangelo di ogni giorno II*, 21-23.

린다. 우리말로 표현하면 '하늘에 계신 우리 아버지'인데 이는 청원을 드릴 때 들어주시는 하느님께 대한 호칭이다. 하느님은 구약에서 창조주, 주님, 만군의 왕, 목자 등으로 불렸으나 그분을 아버지라고 처음 인격적으로 호칭하신 분은 예수 그리스도다.

물론 지혜서나 구약성경 후반에 와서 하느님을 따뜻한 아버지, 어머니 모습으로 고백했으나, 명시적으로 고백한 것은 신약의 예수께서 하느님을 '우리 아버지'라고 부르셨을 때다. 지금도 제자들에게 그렇게 기도할 것을 가르치신다.

주님의 기도를 아버지 안에서 믿음으로 청할 때 우리는 들어주시는 아버지께 대한 희망을 갖고 기도할 수 있다. 성령 안에서 그리스도를 통하여 아버지께 기도할 수 있다는 것이다.

주님의 기도 첫 번째 부분에 나오는 세 가지 기도는 하느님 아버지께 드리는 매우 강력한 청원이다. 그리스어 동사로 이루어진 이 기도문은 마치 전쟁을 불사할 만큼의 강력한 명령어로 표현된다. "아버지의 이름을 거룩히 드러내시고, 아버지의 나라가 오게 하시며, 아버지의 뜻이 하늘에서와 같이 땅에서도 이루어지게 하소서." 요약하면 아버지 이름, 아버지 나라, 아버지 뜻에 대한 기도다. 내 이름, 내 나라, 내 뜻이 아닌 것이다.

우리는 이 기도를 하루에 얼마나 자주 드리는가? 그러면서도 아버지 이름, 나라, 뜻보다 내 이름, 내 영역, 내 뜻을 펼치지는 않았는가?

주님의 기도 두 번째 부분에 나오는 네 가지 기도는 인간에 대한 청원이다. 청원의 골자는 '일용할 양식, 용서, 유혹, 악'이다. 날마다 주어지는 양식은 성체성사. 이 양식을 주님께서 날마다 주시는데, 찾아 받아먹는 것은 우리의 노력이며 몫이다.

용서하고 유혹과 악을 이겨내도록 먼저 아버지께 도와 달라고 떼를 쓰며 청해야 한다. 그러면 다른 것은 어렵지 않게 이루어질 것이다. 또한 습관이 된 생각이나 삶이 변화하지 않았다면 우리는 주님의 기도를 순간순간 드리면서 일곱 가지 청원기도가 늘 이루어지도록 기도해야 한다. 그럴 때 장애물을 만나도 두렵지 않고 온전히 주님께 의탁할 수 있다.(마태 6,7-15 참조)

주님의 기도가 기도 가운데 중요한 이유는 무엇인가? 치프리아노 성인은 하느님 아버지께서 우리의 어떤 기도를 들어주실지 묵상하면서 다음과 같이 고백했다. "아들의 입에서 나온 진리를 말할 때 아버지께서 들어주시지 않겠는가?"[10] 우리가 그리스도의 말씀을 반복할 때 아버지께서 당신 아들의 목소리를 알아들으신다는 것이다. 그러니 우리는 두 손에 성령을 꽉 붙들고 주님의 목소리를 들어야 한다.

열심히 포콜라레 운동을 하는 모니카 자매는 주님 말씀을 두 손뿐 아니라 가슴에 품고 산다. 자매는 주님 말씀을 항상, 즉

---

10. T. Spidlik, *Il vangelo di ogni giorno III*, 156.

시, 지금, 기쁘게 살아가는데 가끔 아들이 더 어른스럽고 대견했으면 하는 바람을 지녔다. 그런데도 그런 말을 아들에게 한 번도 하지 않았다.

몇 년이 지나 아들이 제대하자 자매 식구들은 이탈리아 피렌체 근처 포콜라레 공동체가 있는 인치사에서 반년 정도 머물며 신앙과 인생 체험을 하도록 기회를 주었다. 그런데 이탈리아로 떠나기 일주일 전 부모와 함께 자동차를 타고 가던 아들이 누나에게 "인생에서 돈을 버는 것도 좋지만 사람을 키우는 것이 더 중요한 것 같아." 하는 말을 듣고, 모니카 자매는 주님의 기도를 바쳤다. 자매가 가슴으로 드리던 청원기도가 몇 년이 지나 이루어진 셈이다. 모니카 자매는 이국에 가는 이들 요셉을 주님께서 지켜주시리라는 확신으로 항상, 즉시, 지금, 기쁘게, 주님 말씀대로 보냈다.

테르툴리아노 성인은 주님의 기도가 복음의 요약이며 개요라고 했다. 아우구스티노 성인과 요한 금구 성인도 주님의 기도란 하느님 나라가 더 가까이에서 이루어지는 것을 체험하는 기도라고 했다. 암브로시오 성인은 하느님 나라가 죄의 나라, 악마의 나라, 잘못의 나라가 아닌 덕과 자비와 사랑이 세상을 지배하는 나라라고 했다.

주님의 기도에서 "아버지의 이름을 거룩히 드러내시며"(마태 6,9) "오늘 저희에게 일용할 양식을 주시고"(마태 6,11)라는 말씀은 자신의 죄를 인식하는 것이 지혜의 시작이라는 뜻이다.

용서를 청하고 악에서 구원될 것을 청하는 것은 하느님의 구원이 이루어지리라는 희망의 표현이다.

사제 생활을 하면서 느끼는 바는 내가 주님한테서 얼마나 많은 용서와 선물의 특권을 받았는지 모른다는 것이다. 참으로 감사할 뿐이다. 우리는 하늘에 계신 아버지의 자녀로, 하늘과 땅 위의 모든 선에서 드러나는 선물을 받았다. 그러므로 우리는 기도로 아버지의 이름을 거룩히 드러내는 생활을 하고, 아버지께서 주시는 일용한 양식, 곧 말씀과 성체에서 우러나오는 사랑을 증거해야 한다. 그럴 때 주님의 기도는 작게는 영성 생활, 크게는 구원에 이르는 청원이 실현되는 기도가 된다.

청하여라! 기쁨이 충만해지리라

> 청하여라. 받을 것이다. 그리하여 너희 기쁨이 충만해질 것이다.(요한 16,24)

고급 자동차를 운전하는 사람에게 좋은 차를 타는 이유를 물어보면 운전이 편하고 안전하기 때문이라고 말한다. 수영선수에게 즐거움과 기쁨은 물을 가르며 목적지를 향해 재빠르게 헤엄치는 것이다. 마찬가지로 사람들은 승마·장애물경기·테니스 등 자기가 좋아하는 운동을 하면서 기쁨을 느낀다.

4-5세기 안티오키아 학파 교부들 또한 세상을 창조한 하느

님의 마음을 느끼면서 자연의 주인이신 하느님과 가까이 있음을 기뻐했다. 하느님께서도 사람과 세상을 만드시고 충만한 기쁨을 표현하셨다. 하지만 인간은 힘들고 고통스러운 노동을 통해 세상을 움직이시는 하느님의 힘을 느끼고 수련하고 단련하면서 기쁨을 느낀다.[11]

하느님께서 말씀으로 세상을 창조하고 기쁨을 표현하시듯 예수 그리스도도 기적과 말씀으로 병자를 치유하고 죽은 이를 살리시어 하느님과 인간에게 구원의 기쁨을 주시고 그것이 지속되도록 당신 이름으로 기도하면 기쁨이 충만해지리라고 말씀하신다.

그렇다. 우리가 그리스도의 말씀을 통해 성령 안에서 그리스도의 기적과 능력을 이룰 때 삶이 변하고 우리와 세상의 기쁨도 충만해질 것이다.

복음사가 사도 요한의 말은 청원이 아니라 더 근본적인 사랑, 곧 우리를 사랑하시는 아버지 하느님을 소개한다. "내가 너희를 위하여 아버지께 청하겠다는 말이 아니다. 바로 아버지께서 너희를 사랑하신다."(요한 16,26-27)

이 말씀은 그리스도께서 우리를 위해 청하시지 않겠다는 뜻이 아니라 하느님은 청하시기 전에 우리를 사랑하신다는 사실이다. 곧 이미 주실 것을 준비하고 계신다는 뜻으로 알아들을

---

11. 같은 책, 186.

수 있다. 사랑하는 사람이 청할 때 반드시 들어준다는 걸 알기 때문이다.

이와 같이 복음사가 사도 요한은 하느님 아버지와 우리 사이의 대화·은총·사랑을 이어주고 기도를 중개하는 그리스도를 소개하신다. 바오로 사도 또한 하느님과 사람들 사이에서 그리스도는 유일한 중개자라고 다음과 같이 말했다. "하느님은 한 분이시고 하느님과 사람 사이의 중개자도 한 분이시니 사람이신 그리스도 예수님이십니다."(1티모 2,5)

그리스도 그분 안에서 아버지는 아들(신인神人)을 사랑하신다. 계속해 그리스도는 당신 제자들과 신원이 동일해진다. 하느님의 아들은 말씀의 식탁과 영성체를 통해 우리 안에 신비롭게 현존하신다. 하느님은 우리 인간을 사랑하시기에 기꺼이 우리가 바라는 청을 들어주신다. 하느님이 당신 아들 그리스도 안에 계시기 때문이다.(요한 16,23-28 참조)

신념으로 청하면 좌절은 사라진다

사제 생활 20년 가까이 되는 해, 나는 주교님께 안식년을 선물받아 일 년간 경기도 용인에 있는 수도원에서 생활했다. 그곳에서 은퇴한 수녀님들과 젊은 수련자들과 주변에 있는 복지 장애시설에 사는 분들과 가깝게 지내며 특별히 미사와 강의, 행사를 통해 종종 만났다.

안식년 동안 뜻 깊은 일 가운데 하나는 「복을 부르는 마음」을 집필한 것이다. 나에게 어머니 같은 이 책은 어머니가 그해 돌아가시기 전까지 입원해 계시는 대전 병원을 오가며 어머니를 위해 기도를 많이 한 덕분에 세상에 나왔다.

프랑스 금언에 다음과 같은 말이 있다. '인간이 하느님을 온전히 믿기란 어려운 것이다. 하지만 하느님도 인간을 끊임없이 믿어주어야 하는 더 큰 어려움을 가지고 있다.' 많은 생각과 영감을 주는 말이다. 신뢰가 쉽지 않다는 것을 담고 있다. 하지만 뒤집어 생각하면, 신뢰하면 불가능한 것이 없다는 뜻도 담겨 있다.

인간이 서로 믿음으로써 실현되는 인격적 관계는 힘든 일이지만 참으로 신비롭다. 수도자와 종교인뿐 아니라 식구와 친구들도 서로 신뢰하고 믿을 때 영적으로 하나 되는 신비를 체험할 수 있다.[12]

예수님이 베드로에게 천국의 열쇠를 주신 것은 베드로가 열쇠를 받을 만해서일까? 물론 믿을 만해서 열쇠를 주셨겠지만, 상대방에게 열쇠를 온전히 주면 그에 대한 믿음이 생길 뿐 아니라 무럭무럭 자란다는 것을 알아야 한다.

미식축구 선수로 명성을 날린 하인스 워드는 자신의 성공 열쇠를 다음과 같이 고백했다. "어린 시절 나를 위해 희생하는 어

---

12. 곽승룡, 「복을 부르는 마음」(서울: 마음나무, 2009), 94-95.

머니를 부끄러워하다니… 그래, 나는 한국인의 피가 흐르는 혼혈이다. 그게 내 인생이라는 생각이 들었다. 어머니는 나에게 '공부하라, 늘 겸손하라.'고 했다. 어머니는 나를 위해 힘을 다해 일했다. 나는 어머니한테서 성실하게 노력하는 자세와 정직과 사랑 등 모든 가치를 배웠다. 어머니의 은혜는 그 무엇으로도 갚을 수 없다. 내 선수 생활은 어머니의 인생과 비슷하다. 처음에는 맘대로 안 되지만 꾸준히 노력하면 결국엔 잘 풀린다."

그의 어머니는 의지 하나로 미국까지 가서 몇 군데 직장을 다니면서 아들을 대학까지 뒷바라지했고 오랫동안 고생을 감내하면서 슈퍼볼의 최고자리에 오르게 했다. 하인스는 대단히 영광스런 자리에 자신이 있는 것은 모두 어머니의 기도 덕분이라고 했다.

그의 어머니는 한 스포츠채널 인터뷰에서 "아들에게 늘 하는 이야기는 한 가지다. 겸손하라. Be humble."고 말했다. 어머니의 가르침대로 겸손한 워드는 슈퍼볼 경기가 끝난 뒤 "동료들이 기회를 줬고 나는 뛰기만 했을 뿐"이라며 "앤트완의 패스가 정말 좋았다."고 말했다. 미국 땅에 건너가 온갖 어려움을 이겨내고 마침내 꿈을 이룬 어머니와 아들, 이 성실하고 겸손한 미국 슈퍼볼의 영웅들은 우리에게 '고난'이라는 것이 사람에 따라 얼마나 하찮은 것일 수 있는지 가르쳐 준다.[13]

---

13. 조선일보, 2006년 2월 6일자, '안용현의 슈퍼볼 MVP, 하인스 워드는 누구인가?' 참조.

아마도 오늘의 하인스 워드가 존재하는 것은 어머니의 삶을 통한 하느님의 축복일 것이다. 어머니는 아들이 부상당하지 않도록 늘 하느님께 청원했을 것이고 큰 축복을 받았을 것이다. 하인스의 어머니는 기도했고, 하인스는 예수께서 죽은 라자로를 되살릴 때 "돌을 치워라."(요한 11,39)는 말씀으로 장애가 되는 모든 것을 하나씩 치워 하느님께 축복을 부르는 어머니의 기도가 삶에서 이루어졌음을 보여준다.

사전에서 신념信念이란 굳게 믿는 마음이라고 적고 있다. 이와 같이 굳게 믿어 의심하지 않는 것을 믿음, 곧 신앙이라 표현한다. 누군가를 믿고 바라는 것은 하인스 워드의 경우가 아니더라도 우리 삶에서 볼 수 있는데, 서로에게 굉장한 에너지를 만들어 낸다.

특히 종교인·성직자·수도자·스님 등 도道를 닦는 데 정진하는 이들한테는 신뢰를 담아 청원기도를 드리는 것이 필수적이다. 물론 현대를 살아가는 이들도 신념을 갖고 청원기도를 해야 한다. 평생 수행 정진만 하는 이들과는 다르겠지만 정신만은 같기 때문이다.

축복을 청하라

내려오시는 분께 청하라

나는 요즘 우리가 더불어 사는 데 소통이 얼마나 중요한지 깨닫는다. 특히 책임과 힘을 가진 지도자일수록 올바른 소통 방법을 지녀야 한다는 절실한 감정을 지울 수 없다. 오늘의 한국 사회가 배우고 실천해야 할 바른 소통 방법은 무엇이고 어디서부터 시작해야 하는가? 아마도 집·학교·종교 등 공동체에서 방법을 찾아야 할 것이다. 소통 방법에는 여러 유형이 있는데 다양한 방법을 살펴보자.

첫 번째는 거의 불통에 가까운 강요다. 가끔 주변에서 '강요'하는 모습을 본다. 특히 식구들이나 친구 사이에서 주고받는 작고 가벼운 사건과 사고에서 일방적 강요를 자주 만난다. 어머니가 자녀들에게 자주 하는 말이다. "너 공부 안 해?", "방이 너무 지저분하잖아. 빨리 안 치워?" 어디 그뿐이랴! 길에서 접촉사고라도 나면 이렇게 저렇게 하자는 강요의 힘이 목소리의 근육을 긴장시킨다.

두 번째는 설득이다. 국어사전에 '상대편이 이쪽 편의 이야기를 따르도록 여러 가지로 깨우쳐 말함'이라고 설명하는데, 요즘 시대 경향을 잘 담아낸 책과 영화에서 설득이라는 주제가 잘 드러난다. 그런데 설득이라는 포장지와 끈으로 예쁘게 묶인

소통 속에 강요를 슬쩍 집어넣는 경우를 종종 발견한다. 그러면 설득보다 합당한 소통의 달인으로 나타나는 건강한 방법은 무엇일까?

세 번째는 물음이다. 좋은 물음이 명쾌한 답을 이끄는 법인데, 이 소통의 길은 복음서에서 예수께서 주로 사용한 방법이다. 예수께서는 특히 물음을 통해 제자들의 생각과 행동을 만났다. 예수님은 일방적 강요와 설득이 아니라 진솔한 물음을 통해 소통의 바른길을 찾아갔다. 아마도 이 길은 상대방의 의도를 잘 드러내고, 생각하며 물음을 던지는 사람과 가까이, 그리고 더불어 가는 의견과 만나게 한다. 생각과 뜻이 같지 않아도 된다. 다양한 생각이 서로의 선익을 위해 함께 걸어가면 된다. 이것이 오늘 우리 사회에 절실히 필요한 소통의 길이다.

소통의 달인 예수님의 물음을 살펴보자. 예수께서 헤르몬 산 가까이 온갖 신을 섬기는 판 신전이 있는 카이사리아 필리피에서 "'그러면 너희는 나를 누구라고 하느냐?' 하고 제자들에게 물으시자, 시몬 베드로가 '스승님은 살아 계신 하느님의 아드님 그리스도이십니다.' 하고 대답하였다. 그러자 예수님께서 베드로가 신념에 차서 한 고백에 대해 이르셨다. '하늘에 계신 내 아버지께서 그것을 너에게 알려주셨기 때문이다.'"(마태 16, 15-17 참조)

그렇다. 신념은 바로 하늘의 선물을 받아들이는 것이다. 하늘에서 내려오는 복을 믿음으로 담는 것이다. 베드로는 결정적

순간에 예수 그리스도를 향한 신념으로 가득 차 자신의 믿음을 담대히 선언한다. 예수님의 물음에 신뢰와 신념으로 가득 차 고백하는 마음은 온전히 상대방에게 열려 있음을 드러낸다.

열린 마음으로 온전히 상대방에 대한 신념과 신뢰를 받아들인 분은 성모 마리아다. 예수의 소년 시절, 파스카 축제를 지내기 위해 예루살렘을 다녀오는 길에 예수를 잃은 부모는 다시 예루살렘에 올라가 사흘이나 아들을 찾아 헤맨 끝에 성전에서 아들을 만난다. 여기서 성모 마리아의 아들에 대한 신뢰의 모습이 잘 드러난다.

어머니 마리아는 아들 예수에게 "'애야, 우리에게 왜 이렇게 하였느냐? 네 아버지와 내가 너를 애타게 찾았단다.' 하자, 예수가 말하였다. '왜 저를 찾으셨습니까? 저는 제 아버지의 집에 있어야 하는 줄을 모르셨습니까?'"(루카 2,48-49 참조)

복음은 그들이 예수님이 하신 말씀을 알아듣지 못했으며 어머니 마리아는 "이 모든 일을 마음속에 간직"(루카 2,51)했다고 말한다.

마리아는 이해할 수 없는 아들의 행동과 말을 마음속에 그대로 받아들여 온전히 신뢰했다. 아들을 키운 어머니는 보고 듣고 이해한 대로 세모나 네모 모양대로 깎아 자기 식대로 받아들여도 될 텐데, 어머니 마리아는 모든 것을 마음에 있는 그대로 간직했다. 마리아는 지금 아들의 행동과 말을 온전히 알아듣지 못해도 언젠가는 모든 것이 드러나리라고 믿었기 때문이다.

사제 생활을 하면서 사람을 있는 그대로 받아들이기보다 점점 내가 보고 들은 대로, 내 방식대로 틀을 만들어 간다는 반성을 한다. 그런 모습이 약하거나 심하거나 어느 정도 영향을 줄 수 있지만, 반드시 내 방식이 옳다는 사고는 매우 위험하다는 것을 절실히 깨닫는다.

루카복음 초반부에서 즈카르야와 요셉의 결단 역시 하느님의 방식과 거리가 있다. 노인의 몸에서 일어날 일이 아님을 알아차린 것과 처녀의 몸에서 일어날 수 없다는 생각은 당연하다. 하지만 즈카르야와 요셉은 자기 방식대로 일을 처리하는 반면 성모 마리아는 자기 방식을 주장하기보다 늘 내려오시는 분, 하느님 뜻에 모든 것을 내맡긴 채 마음에 담아두는 아름다운 모습으로 다가온다. 나도 그분을 닮고 싶다.

그렇다면 성모님의 신념과 베드로의 고백이 담고 있는 뜻은 무엇일까? 하느님의 뜻을 찾는 사람은 뭔가를 청하면서도 지금은 그 뜻을 온전히 알지 못하지만 언젠가는 그 이상을 얻음을 믿어야 한다. 아무리 우리의 청원이 절실하고 이상이 높아도 우리를 향한 하느님의 뜻은 훨씬 위에 있다.

성경에서 하느님은 접근이 불가능한 존재로 나타나는데 이는 인간 편에서 단순히 접근할 수 없는 봉쇄구역이라는 뜻이 아니다. 때로는 하느님께 접근이 불가능하기에 종종 무능한 하느님으로 이해되기도 한다.

하느님은 우리와 멀리 계시기에 무능한 것이 아니라 하느님은 사랑이시기에 무능하게 나타날 수밖에 없다.

이는 개신교 신학자 위르겐 몰트만이 히틀러에 의해 자행된 '아우슈비츠'에서 잔혹한 유다인 학살에 대해 반성하면서 얻어낸 값진 통찰이다. 사랑은 상대방에게 자유를 줄 수밖에 없고, 그 자유가 배반·반역·폭행으로 치달으면 함께 아파할 수밖에 없다는 것이다.

또 다른 의구심이 생긴다. 왜 하느님은 전쟁과 재해, 기아 등을 허락하시는가? 그 답은 하느님은 사랑이시기에 인간에게 자유를 주셨고 다시 빼앗아 간섭하지 않기에 함께하며 애달파 하신다는 것이다. '하느님이 계시지 않는 고통'과 '하느님이 함께 애달파 하는 고통'은 하늘과 땅만큼 다르다.[14] 사랑이시기에 무능하게 나타날 수밖에 없고, 그래서 예수님은 인간이 겪는 고통을 몸소 겪으셨다.

그분의 모든 개념이 인간의 사고를 뛰어넘는 것은 우리의 생각보다 더 우리를 사랑하신다는 증거다. 어떤 상으로도 그분을 만들거나 표현하거나 이름을 부르거나 그분을 볼 수 없다는 것은 우리가 무능력해서가 아니라 그분이 우리 능력 밖에 계시며 우리의 상상을 뛰어넘어 진정 사랑하시기 때문이다. 그러니 우리보다 우리를 더 사랑하시는 그분께 무엇이든 청할 수 있다는 신념을 가져야 한다.

---

14. 곽승룡, '포스트모던 시대의 하느님 찾기 좌담 중에서', 「참 소중한 당신」, 2004년 9월호.

하느님께서 이 모든 것을 위해 '내려'오신다. 곧 시나이 산에 있는 인간들 사이에 내려오신다. 계약의 궤, 예루살렘 성전, 예언자들 위에, 사람의 능력 안에 하느님의 능력이 내려온다. 그래서 베드로는 "너희는 나를 누구라고 하느냐?"라는 예수님의 정체를 묻는 말씀에 "스승님은 살아 계신 하느님의 아드님 그리스도이십니다."라고 대답하는데, 이는 바로 그분이 '내려오시는 하느님'이기 때문이다.

그리스도교는 '하느님과 인간이 서로 하나 되었다.'는 믿음을 고백하며 살아가는 종교다. 하나 되는 모범을 살아가신 분이 바로 메시아 그리스도이시고 그분은 하늘과 땅을 잇는 다리다. 인간이 부르짖는 청원의 목소리를 당신 뜻과 하나 되게 하며 우리 편으로 내려오신 분이다. 내려오시는 그분께 우리의 모든 원의를 청하자. 주님 뜻대로 이루어지리라!

내면의 소리, 지혜를 청하라

이집트인들이 내세에 믿음을 두었고 이스라엘 사람들이 아담과 하와가 사는 현세 낙원에 믿음을 두었다면, 구약에서 지혜는 외적인 면을 나타내고, 신약은 지혜의 내적인 면을 강조한다. 그런데 스티븐 코비는 내면의 소리로 지혜를 청할 것을 권했다.

스티븐 코비는 「성공하는 사람들의 8번째 습관」을 다시 썼다. 38개 나라에서 번역되어 1,500만 부 이상 판매되고, 21세기에 가장 큰 영향을 미친 비즈니스 서적 가운데 하나로 선정된 「성공하는 사람들의 7가지 법칙」의 저자가 10년 만에 발표한 후속작이다. 「성공하는 사람들의 7가지 습관」은 일곱 가지 삶의 비결을 제시한다. 첫째, 자신의 삶을 주도하라. 둘째, 끝을 생각하며 시작하라. 셋째, 소중한 것을 먼저 하라. 넷째, 승-승을 생각하라. 다섯째, 먼저 이해하고 다음에 이해시켜라. 여섯째, 시너지를 내라. 일곱째, 끊임없이 쇄신하라.

8번째 습관은 또 하나의 습관이라기보다 7가지 습관을 현실에 적용하는 방법이다. 그는 리더십은 지위가 아니라 선택이라는 본보기를 통해 겸손하고 용기 있고 '위대한' 사람들에게 이 책을 바친다고 말했다. 8번째 습관은 '내면(양심)의 소리를 찾아내고 다른 사람들도 찾도록 고무하는 것'이다.

그는 인간의 부정적 행동이나 말에는 반드시 내면의 불안이 작용하므로 불안을 찾아 해결하며, 단순히 겉으로 드러나는 데 머물지 말고 잠재되어 있는 거대한 문제 해결의 실체를 발견하고 찾아내라는 영적 가치에 대해 말한다. 복음이 말하는 인간 행동과 내면을 총체적으로 발견하라는 영적 존재의 발견을 8번째 법칙으로 말하는 듯하다.

스티븐 코비는 새롭게 시작된 21세기는 지혜의 시대가 될 것이라고 한다. 사람을 겸손하게 만드는 환경 또는 양심의 힘을 통해 지혜의 시대가 도래할 것이며, 우리에게 개인의 가능성을 찾는 마음자세와 기술을 제공하는 8번째 습관이 필요하다고 말한다. 개인이 자신의 가치와 잠재력을 보고 그 가치와 잠재력을 인식하게 하는 리더십이 필요한 것이다.[15]

언젠가 텔레비전 프로그램에서 본 가수 장윤정의 인터뷰 내용이다. 그는 요즘 말로 댄스 가수로 대박을 터뜨렸다. 그런데 몇 년간 그의 인기는 높지 않았다. 한번은 그렇게 크지 않은 행사 전문 기획사 사장이 그의 목소리에 트로트 기운이 흐른다며 댄스를 포기하고 트로트를 해보라고 권했다. 한동안 고민하며 울기도 많이 했고 그렇게 좋아하는 댄스 가수를 접는다는 생각에 하늘이 무너질 것 같았다.

그러다 가요계에서 주인을 만나지 못하고 떠돌던 노래 '어머나'를 세상에 내놓았고 대성공을 거두었다. 그러면서 가수로 성공한 것보다 인생에서 큰 교훈을 얻었다며 의미심장한 말을 했다. "좋아하는 것과 잘하는 것은 다릅니다. 그동안 나는 좋아하는 것만 추구했지 내 속에 감춰진 잘하는 것을 발견하지 못했습니다."

습관을 바꾸는 것이 현실적으로 가능한가? 마찬가지로 자기 내면의 소리를 찾고 다른 사람들도 고무한다면, 새로운 습관의 영적 힘을 통해 도전과 복잡성과 기회의 세계에서 성장하고 변

---

15. 스티븐 코비, 「성공하는 사람들의 8번째 습관」(서울: 김영사, 2005), 출판사 서평 참조.

화할 것이다.

내면의 소리를 찾아라. 내면의 실력을 발견하라. 내면의 소리를 내고 행하라. 내면의 소리를 찾도록 고무하라. 청하라! 얻으리라. 지혜가 말하는 내면의 소리를 들어보자. 하루의 수확을 보려거든 장사를 하고, 일 년의 수확을 보려거든 곡식을 심고, 십 년의 수확을 보려거든 나무를 심고, 백 년의 수확을 보려거든 사람을 심어라. 지금부터 미래에 성취될 것을 균형 있게 준비하려면 먼저 내면의 소리, 곧 지혜를 청해야 한다.

축복을 청하라

부자가 하느님의 축복을 더 많이 받은 것일까? 아니다. 부자가 축복받은 것이 아니라 축복을 받아 부자가 된 것이다. 봉헌 생활에서 우리는 하느님의 축복을 알아차릴 수 있다. 헌금과 봉헌을 많이 하는 사람이 열심한 신자인가? 그렇지 않다. 그러나 열심한 신자들이 헌금을 많이 봉헌한다고 믿고 싶다.

'무성한 무화과나무를 심어라!' 이 말은 축복의 나무를 심어야 풍요로움의 열매가 열린다는 뜻을 담고 있다. 축복은 하느님께서 인간에게 내려주신 선물이며 축복은 마음 상태와 함께 발생한다. 이스라엘 백성은 그들 위에 내린 하느님의 특별한 축복을 아버지한테서 아들에 이르기까지 늘 받아 전했다.

그렇다면 축복의 결과는 어떠한가? 나무가 열매를 맺지 않았다는 것은 바로 이스라엘 백성이 하느님의 축복에 따라 살지 않았다는 뜻이다. 그들은 아브라함의 신앙을 잃어버린 것이다. 신앙의 나무는 하느님의 뜻을 청해 내려주신 축복으로 열매 맺는다. 하느님께서 복을 내리신다는 것은 우리 마음에 축복의 열매가 열린다는 뜻이다.

예수님은 "잎사귀밖에는 아무것도 보이지 않았다."(마르 11, 13)는 복음 말씀에서 열매 없는 나무의 허무하고 표면적인 상징에 대해 말씀하신다. 잎은 무성하지만 열매를 맺지 않는 유다인 지도자들을 두고 말씀하신 듯, 모든 것이 습관으로 굳어질 수 있음을 드러낸다.

프랑스 격언에 이런 말이 있다. '시계는 태엽을 감는 것을 잊어버릴 때는 멈추지 않는다. 그러나 잠시 후 갑자기 시계는 움직이지 않는다.' 이와 같이 우리의 신앙생활도 지금 기도하지 않으면 언젠가는 시계처럼 움직이지 않게 된다. 신앙생활에서 기도하지 않고 열매 맺기란 쉽지 않기 때문이다.

무화과 철이 아니었기 때문이다

주님께서는 어째서 무화과 철이 아닌 것을 알면서 나무를 저주하시는 것일까? 일종의 '깨어 있음'을 예고하는 경고 전언이 아닐까? 이 비유는 열매를 맺는 철이 돌아왔고 또 지나갔는데도 신앙의 열매를 맺지 못하는 이스라엘 역사를 거울삼아 정신

차릴 것을 알려주는 전언으로 보인다. 그런데 무화과나무의 생물학적 특성을 알면 주님 말씀을 이해할 수 있다.

무화과나무는 일 년에 두 번 열매를 맺는다고 한다. 무화과나무의 특성은 열매를 맺는 철보다 두 번째 맺는 열매가 더 잘 붙어 있다고 한다. 그래서 첫 번째 열매는 그리 맛이 뛰어나지 않지만, 늦여름에 수확한 두 번째 열매는 처음 열매보다 맛이 좋다. 일반적으로 곡식은 성숙한 때 열매를 맺기에 제철에 추수하고 수확한다. 사과가 봄에 꽃을 피우고 가을에 열매를 맺듯 모든 나무는 열매를 맺는 적합한 철이 있다.

그러나 그날과 그 시간은 아무도 모른다.(마태 24,36)

따라서 늘 깨어 준비하고 하느님 뜻에 합당한 축복을 청해야 한다. 어떤 이는 일찍 하느님 나라를 위해 성장했고, 어떤 이는 중년에, 어떤 이는 나이가 든 인생 말년에 열매를 맺는다.

나는 마치 오늘이 인생의 마지막 날이라고 생각하며 살려고 노력한다. 내일은 하느님의 새로운 선물이 있을 수도 없을 수도 있기에 오늘이 마치 마지막 날인 것처럼 열심히 사는 것이다. 열매를 맺으려면 먼저 꽃이 피어야 한다. 꽃은 새로운 삶이다. 미래를 준비하려면 알맞은 때 꽃을 피우고 열매 맺으며 살아야 한다. 그러니 의심을 버리고 "믿으면 그대로 될 것이다."(마르 11,11-24 참조) 하시는 예수님 말씀을 마음에 담아보자.

밤을 새우며 기도하셨다

주님은 모든 일에 앞서 기도하셨다. 사람들도 중대한 일에 앞서 그 일이 잘되도록 신중한 마음으로 기원한다. 하느님의 축복 없이는 인간의 고통을 극복하기 어렵기 때문에 우리는 높은 곳에서 내려오시는 하느님의 도우심과 힘과 협력을 청한다.

신앙인의 삶과 농부의 생활이 종종 비교되는 것은 살아가는 모습이 비슷하기 때문이다. 농사를 지을 때 비만 내리거나 해만 내리쬐면 농사를 그르치게 된다. 열심히 농사를 지어도 생각보다 수확이 적을 때도 있다. 그러나 때로는 뜻하지 않게 버려진 땅에서 많은 열매를 거둘 때도 있다.

일반적으로 콩 심은 데 콩 나고 팥 심은 데 팥 난다. 뿌린 대로 거두는 법이다. 그러므로 큰 이변이 없는 한 준비하고 행동한 만큼 결과가 나타난다. 농부들이 부지런히 일하고 좋은 날씨가 계속된다면 좋은 열매를 맺을 수 있다.

영성 생활도 이와 마찬가지다. 영성 생활에서는 인간의 노력과 하느님의 은혜 사이에서 협력할 때 영적 열매를 맺는다. 로욜라의 이냐시오 성인은 우리가 일할 때 그 일은 우리에게 달려 있지만, 기도할 때는 오직 하느님께 달려 있다고 했다.[16]

예수님처럼 이냐시오 성인도 중대한 결정을 하기 전에 오래

---

16. T. Spidlik, *Il vangelo di ogni giorno IV*, 82.

기도했다. 내적으로 긴 시간을 기도하며 하느님의 결정을 청한 것이다. 모든 성인은 일을 하기 전에 먼저 기도할 것을 충고한다. 간단한 기도와 십자성호를 그으며 하느님의 축복을 청할 수 있다. 그렇게 하는 이유는 하느님 앞에서 믿음을 잃지 않기 위해서다.

하느님은 기꺼이 우리에게 좋은 일을 지지해 주신다. 그러나 먼저 구체적으로 어떤 것이 좋은 일인지 아닌지를 알아야 한다. 하느님은 오직 세상의 성화를 위해 구원 계획 안에 들어가도록 우리의 모든 행동을 축복하시기 때문이다. 하느님께서 선택하신 사람들에게 빛을 비추시고, 하늘과 땅을 당신 뜻대로 하나로 묶어주시기에 우리는 위대한 성인들처럼 중대한 결심 앞에 오래 기도해야 한다.(루카 6,12-19 참조)

일치, 청원기도의 목표

"그들이 모두 하나가 되게 해주십시오."(요한 17,21) 우리는 언제 어디서나 일치의 중요성을 깨닫고 하나 되어야 함을 알고 있지만 실제로 일치에 이르는 것은 쉽지 않다. 예수께서도 수난을 앞두고 제자들에게 발씻김과 성체성사를 선물로 주셨는데, 이는 모두 이 같은 뜻을 두고 하신 행위다. 예수님은 하느님 아버지께 제자들을 위하여 '그들이 모두 하나가 되게 해주십시오.' 하고 청원하시며, 일치를 위해 제자들에게 최후의 만찬에서 "서로 사랑하여라."(요한 13,34) 하고 유언을 남기셨다.

그런데 일치를 어디서 찾고 어떻게 하나가 되는지 방법을 알기가 어렵다. 최고의 일치는 모든 것을 뛰어넘는 보편적 일치라고 말한다. 일치는 참으로 아름다운 것이다. 그러나 일치에 이르는 데는 장애물이 적지 않다. 과연 생각을 중지하거나 자유롭게 행동하면서 일치에 이를 수 있을까?

때때로 합법적 권위를 내세워 일치로 몰아갈 때도 있다. 이러한 일치는 인간의 권한을 제한한다. 사실 이 같은 모습은 그리스도께서 추구하는 일치와 다르다. 일치로 포장한 획일성은 우리 생활에서 선착순과 다수결, '잔소리 말고 시키는 대로 일하는 행동'에서 찾아볼 수 있는데, 이는 일치와 거리가 멀다는 것을 알아야 한다.

우리는 주님께서 아버지께 돌아가시기 전에 '모두 하나가 되게 해주십시오.'라는 기도 정신과 삶에 얼마나 일치하는 청원기도를 드렸는지 의식적으로 돌아보아야 한다. 그럴 때 주님처럼 우리도 다음과 같이 기도할 수 있다. "아버지, 아버지께서 제 안에 계시고 제가 아버지 안에 있듯이 그들도 우리 안에 있게 해주십시오."(요한 17,21)

일찍이 아리스토텔레스는 일치란 인간 존엄성에 극히 필요한 것으로 우정과 자유에서 시작된다고 했다. 친구 사이의 우정과 개인의 자유로운 관계에서 일치가 탄생한다는 것이다. 우정을 통한 일치의 모습은 세 가지로 나타난다. 첫째는 즐거움을 위한 우정으로 즐거움이 없으면 우정도 멈춘다. 둘째는 벗들 사이에 이익이 있을 때 발생하는 우정으로 이익이 없으면 일치는 사라진다. 셋째는 덕을 위한 우정으로 우정 사이에 덕이라는 영원한 가치를 지닌다.

바로 세 번째 우정이 우리가 도달해야 하는 일치의 모습이다. 덕을 기초로 한 사랑caritas만이 서로 하나 되게 하며, 일치는 완전하고 자유로운 사랑에서 태어난다.

우리가 하나인 것처럼 그들도 하나가 되게 하려는 것입니다. 저는 그들 안에 있고 아버지께서는 제 안에 계십니다. 이는 그들이 완전히 하나가 되게 하려는 것입니다. 그리고 아버지께서 저를 보내시고, 또 저를 사랑하셨듯이 그들도 사랑하셨다는 것을 세상이 알게 하려는 것입니다.(요한 17,22-23)

아버지께서 저를 사랑하신 그 사랑이 그들 안에 있고 저도 그들 안에 있게 하려는 것입니다.(요한 17,26)

그들도 우리 안에 있게 해주십시오.(요한 17,21)

오늘날 많은 사람은 사랑 안에서 일치를 살아갈 능력이 그렇게 많지 않아 보인다. 외적이며 표면적으로 일치하는 모습을 보이지만 그것은 완전한 일치라기보다 통합과 통일, 아니 어떤

면에서 획일적 모습을 일치로 착각할 때도 있다. 우리는 사랑 안에서 식구들의 일치를 발견한다. 그것이 겉으로 드러나는 일치든 식구 간의 사랑이든 삼위일체 하느님의 본질에서 흘러나옴을 믿고 따를 때 사람들은 일치의 원천을 발견한다. 우리가 하느님의 사랑을 닮아 그분 안에서 영원히 살아갈 때 서로 완전히 하나 되는 기적을 만들 수 있다.

지금까지 '청하여라, 받을 것이다', '믿고 청하라', '축복을 청하라'는 주제로 청원기도를 살펴보았다. 이제 청원기도를 마무리하면서 청원기도의 목표는 예수님의 최후 만찬과 마지막 기도에서 발견한 것처럼 일치에 있음을 깨닫는다. 청원기도의 목표는 예수님께서 제자들에게 맡기신 '서로 사랑하여라.' 하신 유언의 청원과 제자들을 위해 아버지 하느님께 하신 '그들이 모두 하나가 되게 해주십시오.'라는 일치의 청원에서 잘 나타나듯, 우리 삶도 청원의 최종 목표를 향해 뚜벅뚜벅 걸어갈 때 주님께서 참으로 기뻐하며 함께해 주시리라 믿는다.

청원기도 매뉴얼

청하여라, 주실 것이다

기도는 풀리지 않는 삶의 의문에 대한 근본 처방이다. 우리가 기도를 어떻게 하느냐에 따라 그대로 된다. 청원하는 이유는 하느님께 의지하는 것을 배우고 자신에게 필요한 것이 무엇인지 알아차리는 데 있다. 청원기도는 하느님께서 자신에게 필요한 것이 무엇인지 알고 이를 선물하신다는 것을 믿는 데서 시작된다.

너희 가운데 두 사람이 이 땅에서 마음을 모아 무엇이든 청하면, 하늘에 계신 내 아버지께서 이루어 주실 것이다. 두 사람이나 세 사람이라도 내 이름으로 모인 곳에는 나도 함께 있기 때문이다.(마태 18,19-20)

청하여라, 너희에게 주실 것이다. 찾아라, 얻을 것이다. 문을 두드려라. 너희에게 열릴 것이다.(루카 11,9)

기도는 우리에게 필요한 것을 하느님께 말씀드리는 것만이 아니라 하느님께서 들려주시는 말씀을 듣는 일이다. 모든 기도는 사실 내가 '하는 기도'에서 출발해 주님의 '뜻대로 되는 기도'로 끝맺어야 한다. 그러기 위해 먼저 주님 말씀을 들을 줄 알아야 한다. "너희가 악해도 자녀들에게는 좋은 것을 줄 줄 알거든, 하늘에 계신 아버지께서야 당신께 청하는 이들에게 성령을 얼마나 더 잘 주시겠느냐?"(루카 11,13)

에이브러햄 링컨은 "하느님께서는 청하는 사람들을 언제나 도우십니다! 하지만 우리가 바라는 것이 아니라 하느님께서 바라시는 것을 위해 기도합시다."라고 말하며, 기도할 시간이 없다면 생활할 시간도 없다며 바쁜 일정 가운데도 기도를 게을리하지 않았다고 한다.

청원기도의 세 가지 원칙은 다음과 같다. '무엇이 내게 필요한지 되묻는다', '욕심 없는 마음으로 청한다', '공동선에 부합한지 청한다'.

신비가 안젤로 살레시오는 "하느님께서 큰 선물을 주시기를 좋아하시지만 불행하게도 우리가 그것을 받기에 작은 마음을 가지고 있다."라고 말했다.

하느님의 은총으로 청하라

성 바오로 사도의 고백을 들어보자! "하느님의 은총으로 지금의 내가 되었습니다. 하느님께서 나에게 베푸신 은총은 헛되지 않았습니다. 나는 그들 가운데 누구보다도 애를 많이 썼습니다. 그러나 그것은 내가 아니라 나와 함께 있는 하느님의 은총이 한 것입니다."(1코린 15,10)

 복음사가 사도 요한은 말한다. "사랑하는 여러분, 마음이 우리를 단죄하지 않으면 우리는 하느님 앞에서 확신을 가지게 됩니다. 그리고 우리가 청하는 것은 다 그분에게서 받게 됩니다. 우리가 그분의 계명을 지키고 그분 마음에 드는 것을 하기 때문입니다."(1요한 3,21-22)

 우리는 그리스도의 이름으로 하느님께 청하면 놀라운 신비가 시작됨을 믿어야 한다. 다시 사도 요한의 말에 귀 기울여 보자. "우리가 무엇이든지 그분의 뜻에 따라 청하면 그분께서 우리의 청을 들어주신다는 것입니다. 누구든지 자기 형제가 죄를 짓는 것을 볼 때에 그것이 죽을죄가 아니면, 그를 위하여 청하십시오. 하느님께서 그에게 생명을 주실 것입니다."(1요한 5,14.16)

 복음사가 사도 요한의 말은 청원이 아니라 더 근본적인 사랑, 곧 우리를 사랑하시는 아버지 하느님을 소개한다. "…내가 너희를 위하여 아버지께 청하겠다는 말이 아니다. 바로 아버지께서 너희를 사랑하신다."(요한 16,26-27)

 하느님은 우리가 청하기도 전에 우리를 사랑하신다는 말씀은 이미 주실 것을 준비하고 계신다는 뜻으로 알아들을 수 있다. 사랑하는 사람이 청할 때 반드시 뜻을 들어준다는 것을 알기 때문이다.

일치, 청원기도의 목표

"그들이 모두 하나가 되게 해주십시오."(요한 17,21) 예수께서도 수난을 앞두고 제자들에게 발씻김과 성체성사를 선물로 주시고, 하느님 아버지께 제자들을 위하여 '그들이 모두 하나가 되게 해주십시오.' 하고 청원기도를 하셨다. 최후 만찬에서도 "서로 사랑하여라."(요한 13,34)는 유언을 남기셨다. 청원기도의 목표는 우리 모두 일치를 사는 데 있다.

2 서로 용서해 주십시오
_용서기도

용서를 위한 기도

지난 여름 선교하는 신부님들을 만나러 몽골에 갔다. 그곳에 함께 방문한 교우가 몽골 자연 피정에서 내가 한 용서 강의를 몽골선교카페에 올려놓은 걸 다시 보니, 바로 내가 나에게 하는 강의라는 느낌이 들었다.

용서는 우리 안에서 들리는 하느님 목소리

셋째 날 농장과 국립공원을 경유해 울란바토르 시내로 와서 하루 종일 다닌 피로를 사우나에서 풀고 저녁에 사제관으로 돌아와 밖을 내다본 풍경. 이날 저녁은 그야말로 진수성찬이었다. 상큼한 아줌마의 노력으로 농장에서 뜯어온 상추 겉절이, 표고버섯 볶음, 새우 볶음, 양고기 볶음. 늦은 저녁을 먹고 용서 특강을 들었다. 요약하면 다음과 같다.

'나와 하느님과의 관계와 나와 나의 관계를 바로 하는 것이 용서다. 섣부른 용서는 용서가 아니며, 화해 역시 진정한 화해를 준비해야 한다. 관계에도 달인이 되어야 한다. 서로 도와주는 관계, 서로 다른 차이를 인정해 주는 관계, 밀어붙이지 않기, 강요도 하지 않기, 설득도 하지 않기, 예수님은 사람의 맘을 알고자 질문으로 이끄신다.

용서는 우리 안의 하느님 목소리이며 하느님의 축복을 끌어내는 것이다. 그러니 용서하려면 먼저 용서하는 능력을 달라고 기도해야 한다. 자비와 정의를 헷갈리지 않게 하고, 용서하되 그 사람의 행동에 대해선 철저히 교정해야 한다.

용서는 결심이고 결정이다. 일단 용서하기로 마음먹으면 용서할 마음이 생긴다. 왜? 기도했기 때문에. 나를 미워하고 힘들게 한 사람을 위해 기도하는 것, 쉽지 않지만 이것만이 영혼을 다시 태어나게 하는 비밀이다. 보복하는 것은 하느님께 맡기라. 상대방이 변화하길 바라는 것은 내 몫이 아니다.

용서가 어려운 것은 지도를 보지 않고 길을 찾으려고 하기 때문이다. 지도는 길을 바로 가르쳐 주는 성령 같은 것이다.

용서가 되어야 참회할 수 있다. 참회기도를 하려면 먼저 청원기도를 해야 한다. 곧 나를 온전히 바라보고 참회하며 하느님 앞에 기도하는 것이다. 두 번째는 눈물을 흘리며 기도하는 것인데 인간만큼 섬세한 존재는 없다. 모두 다 똑같이 같은 방법으로 성장할 수 없다. 하지만 가끔씩은 큰 소리로 울며 눈물을 흘릴 필요가 있다. 세 번째는 말씀이 나를 움직이도록 청하는 것이다. 우리의 면역력은 말씀이기 때문이다.

길이요 진리요 생명이신 말씀만이 참진리다. 소심한 사람은 이미 하느님의 은총을 받은 사람이다. 소심해서 큰 죄 짓지 않고 죄나 잘못에 대해 망설이기에 죄지을 기회가 지나간다. 말씀 안에서 치유 능력을 느껴야 한다. 용서기도·참회기도·고해기도. 고해는 사랑의 접촉이다.'

나를 위해 용서하라. 마음에 새긴다.

용서

1988년 초 겨울 부제품을 받기 직전 주교님께서 나를 부르시더니 부제품을 받은 다음 미국에 가서 공부하라고 말씀하셨다. 그런데 영어를 손에서 놓은 지 십여 년이 지난 나로서는 걱정하지 않을 수 없었다. 그래서 그때부터 영어 공부를 다시 시작했는데, 단어·숙어·어휘공부, 미국 수녀님과 회화 연습 등 정말 열심히 했다.

사실 부제품을 받기 몇 달 전부터 마음과 영혼의 준비를 해야 하는데, 나는 당장 발등에 떨어진 영어 공부의 불을 끄기 위해 영어 공부에만 집중했고, 결국 몸과 마음의 병을 얻어 부제품 전후 몇 개월 동안 힘들었던 적이 있다.

사람은 몸 전체가 균형을 이뤄야 건강한 법이다. 인체의 한쪽에 힘을 너무 오랫동안 집중하면 인체의 균형이 무너진다. 정신과 마음과 몸 그리고 영은 서로서로 힘을 보태며 건강의 균형을 이룬다. 너무 생각에 몰입하거나 머리를 과도하게 쓰면,

맑고 민감한 마음을 잃어 사람들에 대한 배려나 관심, 생명과 세상, 심지어 하느님께 무감각해진다.

그런 상태가 지속되면 다른 사람과 만나는 어떤 상황도 자연스럽거나 편안하지 못하며, 때로는 사람들을 의심하거나 적개심을 품기도 한다. 마음의 '무딤'이야말로 균형 잡힌 치유를 방해하는 장애물이다. 무딘 마음은 생명의 나눔과 사랑을 막아 치유할 수 없는 장벽을 만든다. 결국 무딘 마음은 지난 죄악과 상처를 이겨낼 수 없는 무능력과 의지 결핍을 만들어 용서를 거부하게 한다.

끊임없이 마음의 치유를 바란다면 무딘 마음을 가지지 말아야 한다. 그러므로 용서는 마음과 영혼을 다시 태어나게 하고, 자신을 위해 걸어가야 하는 첫 번째 길인 셈이다. 우리가 용서의 은총을 발견하고 그 길을 걸어가길 바란다면, 몇 가지 필요한 것이 있다. 바오로 사도는 말했다.

> 모든 원한과 격분과 분노와 폭언과 중상을 온갖 악의와 함께 내버리십시오.(에페 4,31)

우리는 분노와 원한, 적개심과 격분으로 자신의 고요한 마음을 흐리게 한다. 용서할 수 없는 적敵은 밖에 있지 않고 자기 안에 있다. 결국 용서의 부족으로 벌과 상처를 주는데, 상처를 받는 첫 수혜자는 바로 자신임을 알아야 한다.

서로 너그럽고 자비롭게 대하고, 하느님께서 그리스도 안에서 여러분을 용서하신 것처럼 여러분도 서로 용서하십시오.(에페 4,32)

죄와 벌, 고통의 감옥에서 우리 자신을 구할 수 있는 것은 오직 용서하는 것이다. 사람들은 대부분 용서가 다른 사람을 위해 무엇인가를 하는 것이라고 생각한다. 그러나 용서는 자기를 위해 스스로 무엇인가를 하는 것이다. 우리가 스스로 자유로워지기 위해 상처 주고 감정이 상한 자신을 먼저 용서하는 것이다.

청하여라, 너희에게 주실 것이다.(루카 11,9)

몇 번이나 용서해 주어야 합니까?

히브리인과 유목민들은 대부분 피의 복수를 생각하며 살았다. "다른 해가 뒤따르게 되면, 목숨은 목숨으로 갚아야 하고, 눈은 눈으로, 이는 이로, 손은 손으로, 발은 발로…."(탈출 21,23-24) "동족에게 상해를 입힌 사람은 자기가 한 대로 되받아야 한다."(레위 24,19) 그러나 보복과 복수에 대한 제한이 있었다. 이스라엘의 모든 식구와 부족의 우두머리는 바로 하느님이시기에 그들은 하느님께 보복의 권리를 맡겼다.

"그들의 발이 비틀거릴 때 복수와 보복은 내가 할 일, 멸망의 날이 가까웠고 그들의 재난이 재빨리 다가온다."(신명 32,35) 결국 복수와 보복은 하느님께 맡겨둘 필요가 있었다. 악을 악으로 갚지 않는 첫걸음은 하느님의 정의를 신뢰하며 그분께 심판을 맡겨드리는 것이다.

하지만 하느님께 보복을 맡기는 이라도 적의 징벌을 바랄 때가 있다. 예레미야도 하느님의 복수를 기다렸다. "정의롭게 판단하시고 마음과 속을 떠보시는 만군의 주님 당신께 제 송사를 맡겨드렸으니 당신께서 저들에게 복수하시는 것을 보게 해주소서."(예레 11,20) "의로운 이를 시험하시고 마음과 속을 꿰뚫어 보시는 만군의 주님 당신께 제 송사를 맡겨드렸으니 당신께서 저들에게 복수하시는 것을 보게 해주소서."(예레 20,12)

돈을 훔치고 명성에 누를 끼치며 죄를 지은 이들이 과연 고통을 받을까? 오히려 피해자가 고통 받는 현실을 어떻게 용서하라는 것일까? 용서하면 고통이 가벼워지는 것일까? 고통에서 해방되는 것일까? 그러나 실제로 우리가 용서하지 않을 때 더 큰 고통을 겪을 수 있다. 그러면 용서란 무엇인가? 하느님께서 우리에게 하셨듯이 우리도 용서할 수 있을까?

일곱 번이 아니라 일흔일곱 번까지라도

러시아의 대문호 톨스토이는 악을 악으로 갚지 않는 복음의 권고를 열렬히 전파한 작가다. 그의 작품은 악을 저지른 이들이 용서받으며 선으로 돌아서는 회개를 주제로 다룬다.

　용서는 이웃에게 선을 베푸는 것이다. 그러나 복음이 강조하는 또 다른 용서는 우리가 선을 행하는 것이 아니라 용서를 통해 하느님의 축복을 끌어내는 것이다. 하느님은 우리가 용서할 준비가 되었을 때 용서해 주실 것이다. "너희가 저마다 자기 형제를 마음으로부터 용서하지 않으면, 하늘의 내 아버지께서도 너희에게 그와 같이 하실 것이다."(마태 18,35)

　용서 헌장

　그때에 예수께서 당신 말씀을 듣고 있는 제자들에게 말씀하셨다.

　너희는 원수를 사랑하여라. 너희를 미워하는 자들에게 잘해 주고, 너희를 저주하는 자들에게 축복하며, 너희를 학대하는 자들을 위하여 기도하여라. 네 뺨을 때리는 자에게 다른 뺨을 내밀고, 네 겉옷을 가져가는 자는 속옷도 가져가게 내버려 두어라. 달라고 하면 누구에게나 주고, 네 것을 가져가는 이에게서 되찾으려고 하지 마라. 남이 너희에게 해주기를 바라는 그대로 너희도 남에게 해주어라.

　너희가 자기를 사랑하는 이들만 사랑한다면 무슨 인정을 받겠느냐? 죄인들도 자기를 사랑하는 이들은 사랑한다. 너희가 자기에게 잘해 주는 이들에게만 잘해 준다면 무슨 인정을 받겠느냐? 죄인들도 그것은 한다. 너희가 도로 받을 가망이 있는 이들에게만 꾸어준다면 무슨 인정을 받겠느냐? 죄인들도 고스란히 되받을 요량으로 서로 꾸어준다.

그러나 너희는 원수를 사랑하여라. 그에게 잘해 주고 아무것도 바라지 말고 꾸어주어라. 그러면 너희가 받을 상이 클 것이다. 그리고 너희는 지극히 높으신 분의 자녀가 될 것이다. 그분께서는 은혜를 모르는 자들과 악한 자들에게도 인자하시기 때문이다. 너희 아버지께서 자비하신 것처럼 너희도 자비로운 사람이 되어라.

남을 심판하지 마라. 그러면 너희도 심판받지 않을 것이다. 남을 단죄하지 마라. 그러면 너희도 단죄받지 않을 것이다. 용서하여라. 그러면 너희도 용서받을 것이다. 주어라. 그러면 너희도 받을 것이다. 누르고 흔들어서 넘치도록 후하게 되어 너희 품에 담아주실 것이다. 너희가 되질하는 바로 그 되로 너희도 되받을 것이다.(루카 6,27-38)

용서 헌장과 같은 복음 말씀을 읽을 때면 나이를 먹고 사제 생활이 깊어질수록 예수님이 원망스럽기도 했다. 솔직히 삼십 대 때는 이 말씀에 대해 연구를 많이 했다. 그러나 지금은 연구 대상이 아니라 삶이며 내가 주님 말씀을 살기보다 말씀이 내 안에서 움직이길 바란다.

원수를 사랑하여라

국가는 대체로 전쟁에서 승리해 적의 경계에서 벗어나 독립한 것을 기념하며 축제를 벌인다. 현대어로 적이란 말은 매우 강한 뜻을 지닌다. 악을 행하는 자에게 해당되기 때문이다. 하지만 성경에서 적이란 표현은 그보다 약한데, 이는 선을 바라지 않는 누군가를 뜻한다.

시편 작가는 "셀 수조차 없는 불행들이 저를 둘러쌌습니다. 제 죄악들이 저를 사로잡아 더 이상 볼 수도 없습니다. 제 머리카락보다도 많아 저는 용기를 잃었습니다."(시편 40,13) 하며 자신의 머리카락보다 더 많은 원수가 있다고 고백한다. 복음 말씀처럼 우리는 적을 사랑하지 않는다.

젊은이들은 강한 사람으로 보이기 위해 스파르타 교육을 받는다. 하지만 힘은 근육에서 나오는 것이 아니라 영혼과 정신에서도 나온다. 이런 사실을 나는 어려서 목격했다. 친구 집에 놀러갔을 때, 갑자기 부엌에서 '꽝' 하는 소리가 나서 황급히 달려가 보니 작은 석유난로가 옆으로 넘어져 불이 났다. 그런데 대형 프로판 가스 두 개가 불난 난로 가까이 있었다. 자칫하면 커다란 사고로 번질 찰나에 연약하기 짝이 없는 친구 어머니가 장정 서너 명이 겨우 옮길 수 있는 커다란 가스통 두 개를 순간적으로 하나씩 번쩍 번쩍 들더니 부엌 밖으로 끄집어냈다.

그 일을 치루고 난 다음 어머니는 며칠을 몸져누우셨다. 정신이 드신 어머니께 우리는 물었다. "어머니, 도대체 어디서 그런 힘이 나왔어요?" 어머니는 한마디로 말씀하셨다. "내 새끼들 생각에 정신이 뻔쩍 나, 나도 모르는 힘이 났어."

오늘날에도 싸움은 계속되고 사람들은 저마다 경쟁자로 살아간다. 과학자와 예술가, 문화 경쟁과 인간의 삶은 종종 적과의 싸움으로 점철되어 있다.

복음은 이 현실을 부정하지 않는다. 그렇다면 예수님의 가르침은 무엇인가? 예수님도 강하고 용기 있고 승리할 수 있는 제자들을 만나길 바라셨다. 그러나 예수님은 진정 성령이 활짝 꽃피우고 사랑caritas이 수락되기를 바라신다. 이 덕의 최강자로 살아가길 바라고 승리할 수 있는 결정적 모습, 바로 사랑이시며 전능하신 하느님처럼 되는 길이다.

'남이 너희에게 해주기를 바라는 그대로 너희도 남에게 해주어라.' 사랑을 많이 말하고 적게 실천하는 세상이 슬프다. 그렇다. 사랑과 현실 사이를 구별할 필요는 있다. 아내가 남편을 위해 불 속에 뛰어들 준비가 되어 있다고 말하지만 남편이 좋아하는 커피는 모를 수 있기 때문이다. 마음으로 느끼는 사랑을 표현하는 것은 쉽지 않다. 루카복음은 몇 세기 경험에서 시도하고 실천해 온 용서와 사랑의 충고를 한다.

용서의 3단계[17]

용서는 은총이다. 주님은 내게 필요한 기도를 은총으로 이끌어 주신다. 그런데도 우리는 마음속에 자신이 생각보다 많은 분노와 적개심과 화 같은 어두운 것을 끌어안고 산다. 그러니 우리는 하느님의 도움 없이 용서할 수 없고, 마음의 감옥에서 망가져 가는 자신을 구할 수 없다. 자신을 구하는 기도, 곧 자신과 이웃을 용서할 수 있는 기도는 무엇인가? 용서-참회-고해는 고해성사를 준비하는 은총의 길이다. 용서하고 참회하며 하느님께 고해하는 길은 믿는 이들이 걷는 축복의 길이다.

1단계: 용서의 능력을 달라고 기도하라

용서의 첫 번째 길은 예수님 앞에서 용서할 수 있는 힘을 달라고 청하는 기도다. 우리는 먼저 자신에게 함부로 하고 상처 준 사람들을 용서하는 능력을 달라고 기도해야 한다. 이 길에 들어서기가 매우 힘들고 고통스러운 것은 사실이다. 하지만 자신이 품고 있는 독한 마음에서 빠져나올 수 있고, 과거의 속박에서 자유로워지는 순간이 바로 지금 용서하는 시간이다.

이를 위해 주님께 미움과 분노하는 마음을 이기고 일어설 수

---

17. J. Chelich, 'A Word Spoken to the Heart', *Spiritual Healing and Regeneration in the Catholic Tradition*(Grand Rapids, 1988), 48-53.

있도록 용서의 능력을 청해야 한다. 청하면 받을 것이다. 하지만 무엇보다 중요한 것은 지속적으로 청원하는 것이다. 용기를 가지고 항구하게 온 마음으로 청해야 한다. 청하면 받을 것이다.

이러한 용서의 능력을 위해 청하는 기도는 늘 우리 영성 생활의 중심에 머물러 있어야 한다. 그 이유는 용서가 치유 여정에서 영혼을 다시 태어나게 하는 생명을 담고 있기 때문이다. 바로 그 순간 용서의 은총은 용서를 허락하는 기도로 인도하고, 곧바로 우리를 인격적 기도의 중심에 머물게 한다.

우리도 예수께서 제자들에게 가르쳐 주신 주님의 기도, 곧 "우리에게 잘못한 이를 우리가 용서하듯이 우리 죄를 용서하시고 우리를 유혹에 빠지지 않게 하시고…"라고 삶 가운데 기도해야 한다. 만일 우리가 자신의 마음을 지속적으로 관찰하지 않고 용서할 힘을 위해 기도하지 않는다면 부족한 마음에 치유의 은총이 흐르지 못하게 막는 꼴이 되고, 또다시 스스로 뿜어내는 마음과 영혼의 독소로 자신을 파괴할 것이다.

> 너희가 서서 기도할 때에 누군가에게 반감을 품고 있거든 용서하여라. 그래야 하늘에 계신 너희 아버지께서도 너희의 잘못을 용서해 주신다.(마르 11,25)

종종 자신에게 상처 준 사람을 용서할 감정이 생기지 않을 때가 있다. 하지만 반감을 품은 감정으로는 결코 용서할 수 없다. 용서는 감정이 아니라 결정이다. 그러니 용서할 수 있는 감정이 생길 때까지 기다리면 안 된다. 용서는 부족한 대로 자신이 내리는 결정이고 결심이며, 의지의 행동이다.

2단계: 용서는 결심이다

비록 감정이 용서하려는 방향과 반대편에 남아 있더라도 의지로 감정에서 멀어지도록 노력해야 한다. 그렇지만 미움과 화 또는 분노에서 오는 감정이나 원인을 거부하지 말아야 한다. 오직 용서하려는 결심과 함께 감정이 지나가게 할 필요가 있다. 우리가 청하면 하느님은 결심을 강하게 해주신다. 이것이 참된 용서로 향하는 두 번째 길이다.

누가 누구에게 불평할 일이 있더라도 서로 참아주고 서로 용서해 주십시오. 주님께서 여러분을 용서하신 것처럼 여러분도 서로 용서하십시오.(콜로 3,13)

우리가 성령께 청하면서 하는 용서의 결정은 마음의 문에 걸린 분노의 빗장을 들어 올리는 것과 같다. 용서의 감정이 일어나는 순간은 바로 하느님의 은총이 분노를 날려버리는 순간이다.

이렇게 일어나는 용서의 감정은 성령께서 마음과 영혼이 다시 태어나도록 이끄신 결과다. 성령께서 우리 안에서 본래의 맑은 마음을 발견하도록 기도하신 것이다. 이는 우리가 기도할 때 성령께서도 우리 안에서 기도하고 계신다는 뜻으로 이해할 수 있다.

용서의 힘을 구하는 기도와 용서에 대한 인격적 결심은 먼저 용서의 여정을 걸어가는, 용기 있는 두 가지 길이다. 이를 위해 새로운 감정이 생기고 용서가 시작된다. 그러므로 우리는 새로운 마음과 영혼의 길을 인도하는 맑은 감정을 위해 더 이상 시간을 허비하면서 기다리지 말아야 한다. 그런 다음 용서의 세 번째 길이 다가온다.

'네 이웃을 사랑해야 한다. 그리고 네 원수는 미워해야 한다.' 고 이르신 말씀을 너희는 들었다. 그러나 나는 너희에게 말한다. 너희는 원수를 사랑하여라. 그리고 너희를 박해하는 자들을 위하여 기도하여라. (마태 5,43-44)

3단계: 상처 준 사람들을 위해 기도하라

3단계에서 자신에게 상처 준 사람들의 이름을 언급해 보자. 한 사람 한 사람을 위해 기도하고 그들을 위해 다섯 가지 특별한 기도를 해보자.

첫째, 그들을 보호하고 지켜 달라고 청한다.

둘째, 그들의 식구와 친구들이 건강하길 청한다.

셋째, 그들이 하는 일이 성공하길 청한다.

넷째, 그들이 축복을 가득 받아 행복하고 평안하길 청한다.

다섯째, 그들이 필요한 것을 청하고 어떤 것도 부족한 것이 없길 청한다.

상처 준 사람들을 위해 기도하는 것이야말로 새 마음을 위한 모든 도구 가운데 가장 힘 있는 것임을 잊지 말아야 한다.

'하느님께서 그대의 기도를 곧바로 들어주신다면, 그에 앞서 어떤 것을 위해서라도 먼저 마음을 다해 기도해야 한다. 그대가 하느님께 손을 뻗어 무엇인가를 청할 때, 원수들을 위해 마음을 다해 기도해야 한다. 이런 행동을 통해 하느님은 그대가 청하는 모든 것을 들어주실 것이다.'(아빠스 제노, 「사막 교부의 금언」 참조)

인간이 인간에게 화를 품고서 주님께 치유를 구할 수 있겠느냐? 인간이 같은 인간에게 자비를 품지 않으면서 자기 죄의 용서를 청할 수 있겠느냐?(집회 28,3-4)

용서를 베푼 사람한테서 긍정적인 대답을 기대하지 마라. 심지어 상처 준 사람들을 어떻게 볼 것인지를 기다리지 말고, 용서의 결심에 앞서 그들을 온 마음으로 용서할 길을 찾아라. 되

돌아오는 감사와 친절과 용서를 기대하지 마라. 이런 것을 기대하면 또 다른 상처와 분노가 마음과 영혼의 문을 두드리며 찾아올 것이다.

우리는 자신을 위해 용서하고, 건강을 위해 용서하며, 자유로운 삶을 위해 용서해야 한다. 용서는 마음과 영혼이 새롭게 태어나게 하는 길이다.

계속 무딘 마음으로 무엇인가를 대하면, 가볍게 용서할 일도 화를 내며 상대방이나 자신한테 독이 되는 길을 택해 아무것도 얻지 못하는 일이 종종 일어난다. 결국 무딘 마음이 화 중독으로 밀어넣어 치유 과정을 단절해 버리는 것이다.

용서하려면 먼저 자신만의 생각과 상황을 없애야 한다. 마음을 병들게 하고, 쓰레기처럼 악하고 거친 말과 상처 주고 욕하는 사람들의 모습을 더 이상 쳐다보지 말아야 한다. 용서는 하느님과 하느님이 만드신 세상과 함께하게 하고 생각과 상황을 밝히며, 우리 마음을 하느님의 자비로 채우는 근본적 사랑으로 바라보게 하는 영적 뜻을 지닌다.

'하느님은 우리를 위해 창조하셨다. 하느님은 확고부동한 영으로 나를 새롭게 한다.' 우리 마음과 영혼이 다시 태어나는 길은 용서의 선물뿐 아니라 새로운 세계의 전망으로 우리를 이끈다.

성당에 낯선 중년신사가 기도하는 모습이 눈에 띄었다. 한동안 중년신사를 성당에서 보았는데 나중에 알고 보니 하느님 용서의 은총이 작용한 것을 느낄 수 있었다. 빚더미에 올라앉아 하루아침에 직장과 재산을 몽땅 잃었단다. 그래서 최소한의 생계를 위해 생명보험을 타려고 사고사를 생각해 보기도 했다. 그런데 성당을 찾아온 그는 참회의 눈물을 흘리며 용서의 은혜를 받고 재산을 빼앗아 간 사람들을 한 사람 한 사람 용서하게 되었고, 목숨을 끊으려 했던 생각을 깊이 뉘우치며 다시 일어날 희망의 싹을 보았다고 고백했다.

용서의 꽃 _이해인

당신을 용서한다고 말하면서
사실은 용서하지 않은
나 자신을 용서하기
힘든 날이 있습니다.

무어라고 변명조차 할 수 없는
나의 부끄러움을 대신해
오늘은 당신께
고운 꽃을 보내고 싶습니다.

그토록 모진 말로

나를 아프게 한 당신을
미워하는 동안

내 마음의 잿빛 하늘엔
평화의 구름 한 점 뜨지 않아
몹시 괴로웠습니다.

이젠 당신보다
나 자신을 위해서라도
당신을 용서하지 않을 수가 없습니다.
나는 참 이기적이지요?

나를 바로 보게 도와준
당신에게 고맙다는 말을
아직은 용기 없어
이렇게 꽃다발로 대신하는
내 마음을 받아주십시오.

영혼 탄생의 길, 순례

보름간 스페인 북쪽 120킬로미터를 걸어 북서쪽 산티아고 콤포스텔라까지 순례하는 동안 순례 주제는 한마디로 '다양성'이었다. 참가자들은 여덟 나라에서 모였고 순례자들도 10-70대까지 남녀노소 다양했다. 특히 한국과 일본에서 온 대부분의 순례자들한테는 두 나라의 다양성을 배울 기회가 되었다. 가깝고도 가까운 나라가 되어야겠다는 생각이 들었고 그 길은 분명 가능했다. 한국의 수연 양과 일본 청년 가지 군은 자국어밖에 하지 못하는데도 각자의 언어로 말하면서 한나절을 함께 걸으며 순례했다.

일본팀은 그들답게 흐트러짐 없이 조용하고 성실하게 팀을 이루며 협력하는 모습이 아름다웠다. 한국팀은 비교적 자유롭고 발랄하고 신나게 순례했다. 순례를 하면서 다양한 모습을 발견하고 인정하며 받아들였다. 언어의 장벽은 있지만 소통하는 데 큰 어려움은 없었다. 서로 신뢰하고 대화하다 보니 믿음이 생겨 상대방을 받아들이는 산 체험을 한 것이다.

동서양 인간 삶의 모습을 보면 그 가치가 다양하게 나타난다. 서양은 공동체community와 개인individuality 가운데 개인에 가치를 더 두는 경향이 있는가 하면, 동양에서는 공동체에 가치를 더 두는 것을 알 수 있다. 하지만 공동체와 개인은 서로 우위에 서려고 경쟁하는 대상이 아니다.

공동체와 개인의 가치는 동등하며 함께 가야 한다. 간혹 우리는 공동체를 위해 개인을 희생하려는 모습을 보는데, 개인이 스스로 희생하며 양보한다면 몰라도 희생을 강요해서는 안 된다. 그런데도 우리 사회에서는 개인보다 공동체를 위하는 모습을 더러 볼 수 있다.

　21세기를 살아가면서 진정한 선진국으로 발돋움하기 위해 개인의 가치를 충분히 고려해야 한다. 한 걸음 더 나아가 공동체와 개인의 가치가 서로 충돌하고 싸우는 길을 피해야 한다. 여덟 나라가 함께 도보순례를 하면서 느낀 다양성을 우리 사회에서도 충분히 느꼈으면 한다.

　다른 것은 틀린 것이 아니라 아름다운 것이며, 그 가치를 받아들일 때 우리 마음과 영혼이 새로워져 개인과 공동체가 함께 걸어가는 진정한 선진국이 되기 때문이다.

　산티아고 도보순례를 하면서 느낀 바는 고요함과 버림, 대화의 소중함이었다. 순례하는 동안 오솔길·시골길·동산을 걷고 오두막과 농가를 지나갔다. 그곳에서 아름다운 꽃과 자두나무, 주름이 깊게 팬 농부의 환한 얼굴을 만나면서 고요를 맘껏 느꼈으며, 하루하루 걸으면서 짐을 하나씩 벗겨내야 했다. 그리고 자연과 사람과 바람 속에서 말씀하시는 하느님과 이야기했다. 이번 여정은 한마디로 고요 속에서 만나고 이야기하며 영혼과 마음이 함께 태어나는 기도여행이었다.

참회를 위한 기도

참회기도의 3단계[18]

참회기도는 고해성사를 위한 준비기도다. 고해성사를 하기 전에 먼저 용서하고 참회해야 한다. 그리고 진심으로 주님 앞에 고해성사를 해야 한다. 참회기도는 고해성사를 준비하는 기도다. 고해자는 반드시 하느님과 이웃에 진심으로 용서를 청하고, 또 자신에게 잘못한 이들을 용서할 결심을 해야 한다. 그런 다음 참회기도 3단계가 성령 안에서 고해성사의 은총으로 이끌 것이다.

> 나는 유다인들의 음모로 여러 시련을 겪고 눈물을 흘리며 아주 겸손히 주님을 섬겼습니다. 그리고 유익한 것이면 무엇 하나 빼놓지 않고 회중 앞에서 또 개인 집에서 여러분에게 알려주고 가르쳤습니다. 나는 유다인들과 그리스인들에게, 회개하여 하느님께 돌아오고 우리 주 예수님을 믿어야 한다고 증언하였습니다. (사도 20,19-21)

---

18. 같은 책, 54-57.

참회의 1단계: 참회의 은총을 청하라

　우리는 마음과 영혼의 새로운 탄생을 위한 두 번째 길인 참회의 길을 찾기 전에 용서의 길을 오랫동안 걷지 말아야 한다.
　우리는 무뎌진 마음 안에 갇혀 있는 순간, 다른 사람의 죄 때문에 마음과 영혼이 심하게 다치고 뒤틀려 느끼는 고통이 무엇인지 알아야 한다. 우리는 굳어진 마음의 문 안쪽에서 붙잡고 있는 고통의 몸부림을 경험했다.
　하느님이 용서의 은총을 내려주실 때 성령은 우리 마음과 영혼을 사로잡아 깨끗이 정화해 주신다. 그래서 마음은 치유되고 영혼이 다시 민감해져 전에 느낄 수 없던 것을 느끼고, 볼 수 없던 것을 바라보며, 저지른 죄 때문에 생긴 고통을 깨닫기 시작한다. 이러한 깨달음을 우리는 피하지 말아야 한다. 정면대결, 곧 똑바로 바라보아야 한다! 죄의 결과를 피하지 말고 인식해야 한다. 이것이 참회의 길이다.
　도벽이 심한 아들을 자칫 어설프게 눈감아 주는 식의 용서를 한다고 그 행위까지 용서하면 안 된다. 옛말에 바늘 도둑이 소도둑 된다는 말처럼 점점 도벽의 길로 아들을 들어서게 할 수 있기 때문이다. 잘못을 인정하는 아들의 도벽 죄는 용서해도 행위, 곧 도벽 행위는 반드시 치유해야 할 대상이지 눈감고 대충 넘어가는 용서의 대상이 아니다.

하느님 앞에서 마음을 열고 새로운 기도를 하라

참회를 위한 첫 번째 단계는 예수님께 드리는 기도다. 먼저 참회를 위해 은총을 청하는 기도를 한다. 죄로 이웃에게 상처 준 고통을 느끼도록 예수님께 청해야 한다. 왜 그럴까? 우리의 죄와 그로 인한 잘못이나 죄책감 때문일까? 아니다. 오히려 모든 삶에 영향을 미치는 큰 상처에 민감하고 어디서나 죄에 예민해져야 하기 때문이다. 하지만 지은 죄와 받은 상처에 지나치게 집착하거나 무뎌지는 것을 경계해야 한다.

물론 상처는 죄가 아니다. 하지만 상처의 흔적으로 인해 죄책감을 갖고 피정 때마다 사제에게 총고해를 하거나 심리적 위안을 얻기 위해 참회를 거듭 반복할 때가 많다. 상처는 죄의 흔적인 동시에 용서와 축복의 표지다. 부러진 팔이 더 튼튼하다는 말도 있듯, 성 아우구스티노가 아담이 지은 죄를 '복된 죄'라고 고백한 것도 죄로 인한 구세주의 약속이 이루어졌다는 희망을 담고 있기 때문이다. 그러므로 우리는 고해성사를 하면 어떤 죄라도 용서되었다는 것을 굳게 믿어야 한다.

이제 상처의 흔적을 두려워하고 무서워하는 죄책감이 아니라 용서받은 축복의 표징으로 보아야 한다. 그래서 우리는 이제 의롭게 살아가게 되었다는 희망의 표징으로 바라보아야 한다. 이 희망의 흔적은 용서와 축복의 흔적으로 상처를 바라보며 다시 죄에 빠지는 행위에 동의하지 않고 오히려 그것을 미워하고 방어하는 경계를 늦추지 않겠다는 또 다른 결심이다.

우리는 무딘 마음에서 오는 외로움·두려움·절망감이 주는 고통을 느끼고 기억하도록 예수께 청해야 한다. 또다시 고통이 찾아와 괴롭힐 것을 막아야 하기 때문일까? 그건 그렇지 않다. 오히려 고통에 대한 기억이 자신 또는 이웃 사람들의 무딘 마음, 외로움의 고통과 좌절감에 민감하고, 마음과 영혼의 면역력을 기르는 데 도움이 되기 때문이다.

참회 은총을 구하는 기도는 죄의 비극적 결과에 민감한 마음을 알아차리는 것이다.

참회의 2단계: 눈물을 흘려라

그 고을에 죄인인 여자가 하나 있었는데, 예수님께서 바리사이의 집에서 음식을 잡수시고 계시다는 것을 알고 왔다. 그 여자는 향유가 든 옥합을 들고서 예수님 뒤쪽 발치에 서서 울며, 눈물로 그분의 발을 적시기 시작하더니 자기의 머리카락으로 닦고 나서, 그 발에 입을 맞추고 향유를 부어 발랐다.(루카 7,37-38)

참회의 길로 들어가는 두 번째 단계는 눈물을 흘릴 수 있도록 성령께 청하는 기도다. 기도할 때 우리 죄로 생기는 고통과 다른 이의 죄가 만드는 고통 때문에 눈물을 흘릴 수 있도록 성령께 청해야 한다. 무딘 마음 안에 갇혀 있는 끔직한 외로움과 절망에 울 수 있도록 청해야 한다.

눈물은 잘못을 씻어주고 고통을 이겨낼 힘을 주어 마음이 민감해지도록 이끌어 준다.

내가 너에게 말한다. 이 여자는 그 많은 죄를 용서받았다. 그래서 큰 사랑을 드러낸 것이다. 그러나 적게 용서받은 사람은 적게 사랑한다.(루카 7,47)

예수님께서 예루살렘에 가까이 이르시어 그 도성을 보고 우시며 말씀하셨다. "오늘 너도 평화를 가져다주는 것이 무엇인지 알았더라면…! 그러나 지금 네 눈에는 그것이 감추어져 있다." (루카 19,41-42)

예수님과 함께 매달린 죄수 하나도, "당신은 메시아가 아니시오? 당신 자신과 우리를 구원해 보시오." 하며 그분을 모독하였다. 그러나 다른 하나는 그를 꾸짖으며 말하였다. "같이 처형을 받는 주제에 너는 하느님이 두렵지도 않으냐? 우리야 당연히 우리가 저지른 짓에 합당한 벌을 받지만, 이분은 아무런 잘못도 하지 않으셨다." 그리고 나서 "예수님, 선생님의 나라에 들어가실 때 저를 기억해 주십시오." 하였다. 그러자 예수님께서 그에게 이르셨다. "내가 진실로 너에게 말한다. 너는 오늘 나와 함께 낙

원에 있을 것이다.''(루카 23,39-43)

　두 명의 죄수 가운데 오늘 주님과 함께 낙원에 있는 사람은 진심으로 참회한 죄수다. 주님을 모독한 죄수는 '당신은 메시아가 아니시오? 당신과 우리를 구원해 보시오.'라고 말하며 마치 광야에서 배고프고 목마를 때, 말씀으로 유혹하던 사탄처럼 마지막 죽음 앞에 서 있는 주님을 다시 모욕하고 조롱한다.
　다른 하나는 오히려 주님과 자신의 처지를 정확하게 알고 있다. 그는 주님의 낙원에 들어가기 위해 온갖 미사여구를 동원해 말하지 않는다. '우리야 당연히 우리가 저지른 짓에 합당한 벌을 받지만' 하며 자신의 잘못을 인정하고, '이분은 아무런 잘못도 하지 않으셨다.'고 말해 주님의 죄 없음을 분명히 식별하고 있다.
　그는 선생님이 나라에 들어가실 때 자신을 기억해 달라고 겸손과 진심을 담아 참회한다. 진심으로 참회하는 사람은 다음과 같은 말로 주님의 낙원에 초대된다. '너는 오늘 나와 함께 낙원에 있을 것이다.' 그가 예수님께 어떻게 그것이 가능하냐고 묻는다면 예수님의 대답은 '너는 더 이상 죄수가 아니라 내 안에 언제나 잊을 수 없는 사람으로 있을 것'이라고 말씀하실 것이다. 아마도 주님은 다시 한 번 그에게 '내가 너를 언제까지나 사랑하기 때문이다.'라고 위로의 말씀을 하실 것이다.

엔도 슈사쿠는 「사해 부근에서」라는 책에서 모든 사람에 대한 예수님의 사랑을 이렇게 전한다. 예수님께서 처형당하기 전 빌라도와 대화하는 부분, 한 사람 한 사람의 인생을 스쳐가며 흔적을 남길 거라는 예수님께 빌라도는 말한다. "나는 그대를 잊을 걸세." 그 말에 대한 예수님의 대답을 들어보자. "당신은 잊을 수 없을 겁니다. 내가 한 번 그 인생을 스쳐가면 그 사람은 나를 잊지 못하게 됩니다." "왜지?" 다시 묻는 빌라도에게 예수님께서 "내가 그 사람을 언제까지나 사랑하기 때문입니다."라고 말씀하신다.

'그 사람을 언제까지나 사랑하기 때문'이라는 예수님의 말씀이 많은 사람의 눈물을 흘리게 했다. 사랑! 사랑은 우리를 살게 하는 가장 강력한 힘이다. 그러므로 큰 사랑을 받고 있음을 기억하는 것이 바로 참회의 길이다.

온갖 어려움과 고통 속에서도 우리는 끝까지 사랑을 놓치지 말아야 한다. 우리는 예수님처럼 사랑하지 못하는 모자란 사랑을 지니고 있지만 우리도 누군가와 사랑을 나눌 수 있다는 희망을 갖는다. 참회할 수 없는 여러 가지 어려운 상황에 놓여 있어도 말씀 안에서 진심으로 주님을 만나면 자신의 참모습을 발견할 수 있다. 용서와 참회와 고해 속에서 주님의 인격을 만나면 모든 잘못과 죄와 그로 인한 부족함과 고통·슬픔·아픔은 우리에 대한 그분의 기억과 사랑으로 치유되고 구원됨을 믿어야 한다.

참회의 3단계: 말씀에 일치하라

하느님께서 우리를 위해 우시는 것은 죄악이 우리 마음과 영혼에 영향을 미친 상처와 고통, 마음속 아픔을 그분도 그대로 느끼기 때문이다. 우리한테도 눈물은 주님으로부터 내려오는 참회의 은총과 선물과 같아 우리 마음을 하느님 마음에 결합하도록 초대한다.

회심과 눈물을 통해 하느님은 당신 마음과 함께 감정의 은혜를 나누어 주신다. 참회는 하느님과 하나 되는 특별한 길이다. 우리는 이 길을 통해 전에 알지 못한 사랑의 하느님을 만난다. 우리가 걷는 참회의 길은 심리적 위안을 주는 치유뿐 아니라 본디 존재하던 넓고 큰 영혼과 마음을 새롭게 하기 위함이다.

참회의 길을 걸으며 은총의 눈물을 흘리는 것은 근본적으로 사람들을 향한 태도를 바꾸게 한다. 사람들의 태도와 말과 행동이 마음을 상하게 하고 힘을 잃게 해도, 참회의 은총과 눈물은 상처 받은 마음과 영혼에 면역력을 길러준다. 이렇게 면역력이 생긴 마음은 다른 이들의 태도와 말과 행동이 던진 상처를 거두어 쓰레기통에 조용히 집어넣게 한다. 그리고 마음의 완고함을 온유하게 두드려 무딘 마음과 영혼의 감옥으로 당당하게 방문하게 한다.

하느님 마음이 그렇듯 우리 마음은 영적 삶에 해를 끼치는 죄에 민감해질 것이다. 하느님 마음이 그렇듯 우리도 무딘 마음과 어둠에 갇혀 있는 끔찍하고 상처 받은 마음에 예민해질 것이다. 성령께서는 다시 민감한 마음으로 우리를 이끄신다. 상한 마음을 어루만지고 힘을 주시며 마음의 감옥을 넘어서도록 도우신다. 그뿐 아니라 성령은 부서진 마음을 끌어올리고 폭력적으로 변한 마음을 무장해제하며 자유와 치유, 기쁨의 원천이신 예수님께 방향을 맞추도록 도와주신다.

 잘못을 정화하길 바라는 사람은 눈물로 자신을 깨끗이 한다. 덕을 실천하길 바라는 사람은 눈물로 덕을 얻는다. 성경 말씀과 교부들이 제시하는 더욱 진실하고 좋은 길도 눈물을 흘리는 것이라고 했다. 진실로 거기에는 이보다 더 나은 길은 없다.(아빠스 포에멘,「사막 교부의 금언」참조)

참회, 겸손한 기도

 오, 하느님! 제가 다른 사람들, 강도짓을 하는 자나 불의를 저지르는 자나 간음을 하는 자와 같지 않고 저 세리와도 같지 않으니, 하느님께 감사드립니다.(루카 18,11)

 교회는 전통교리서에서 교만·질투(시기)·탐욕(인색)·음욕·폭식(폭음)·분노·나태(게으름) 등 일곱 가지 무거운 죄(칠죄종)에 대해 말한다. 그리스도 동방교회에서는 죄의 목록에서 교만이 마지막에 온다. 곧 교만은 하느님한테서 가장 멀리 있는 죄

악의 단계를 뜻한다.[19]

이같이 교만은 허영과 구별되지만 자만에 가까운 허영은 하느님과 사람들의 눈에 가치 없고 특이한 것에 지나치게 중요성을 둔다. 요즘으로 말하면 아름다움에 대한 지나친 욕구, 곧 복제인간 시대를 자아내는 성형·건강 미용·명품·부유함·능력은 교만은 아니지만 허영심의 표현이다.

그러면 허영이 죄일까? 영성가들은 이에 대해 일반적으로 조소와 비웃음을 즐겨 짓고, 자신과 상대방에게 지나친 비난을 할 때 교만을 향해 가는 죄의 범주에 든다고 말했다. 이렇듯 교만은 무거운 죄이며 교만한 자는 하느님께서 주신 선물, 은혜까지도 자만한다.

교만은 다른 사람들보다 우월하다고 생각하게 한다. 조금 더 과장하면 자기 생각이 아무리 옳아도 자기 식으로 사람들을 판단하는 것은 자만과 가까이 있는 것이다. 3세기 사막의 영성가 에바그리오는 일곱 가지 죄악을 몰아낸다 해도 여덟 번째 교만의 영이 남아 있으면, 또다시 일곱 가지 죄악을 저지른다고 말했다.[20] 함께 살아가는 것이 참 쉽지 않다는 것을 해가 갈수록 느끼면서 겸손으로 나아가는 참회기도가 더 절실하게 다가오는 것도 이 때문이 아닐까?

---

19. T. Spidlik, *Il vangelo di ogni giorno II*, 59.
20. 같은 책, 60.

세리는 멀찍이 서서 하늘을 향하여 눈을 들 엄두도 내지 못하고 가슴을 치며 말하였다. "오, 하느님! 이 죄인을 불쌍히 여겨 주십시오."(루카 18,13)

다니엘 루는 「무신론적 인문주의의 드라마」에서 '오늘날 대중은 믿기를 포기했다. 그들이 지은 죄악을 잘 모르기 때문이다.'라고 이 시대의 불신문화를 고발한다. 하느님이 존재함은 하나의 이상이지만, 반대로 인간에게 하느님은 채무자가 되셨다. 이 모습은 바로 오늘이 '성인들의 세상'인 듯하나 하느님과 그분의 나라가 없는 세상을 단적으로 나타낸다.

도스토예프스키는 이에 대해 역설적으로 선언한다. '종종 하느님께 가장 가까이 있는 자들이 대죄인이다.' 우리 모두 자기 죄를 자각할 때 세상은 서로에 대한 믿음과 신뢰를 쌓아갈 것이다. 도스토예프스키는 유작 「카라마조프가의 형제들」에서 조시마(큰 수도자)는 이런 말을 남긴다. '사랑스런 아들들아, 죄를 두려워하지 마라.' 인간의 직관력을 일깨우는 감동적이고 열정으로 가득한 문장이다.[21]

자신이 죄를 지었음을 자각하는 것을 두려워하지 말자. 하느님이 용서하시고, 하느님은 하늘에 계신 자비로운 아버지이시기에 당신 나라가 이미 이 땅에 현실로 나타났음을 비추신다.

---

21. 같은 곳.

생활 속 기도[22]

* 생활 속 기도는 순간순간 숨을 쉴 때, 삶 속에 어떤 형태로 들어오시는 하느님의 현존과 힘을 의식하는 것이다.
* 자신이 일하는 곳, 곧 농장·공장·사무실·부엌에서 일할 때, 어떤 힘과 능력이 자신 안에서 하느님의 현존을 의식하는 것이다.
* 운전할 때, 아름다운 경치와 시야, 맑은 소리와 함께 운전하면서 다가오는 하느님의 선물을 깨닫는 것이다.
* 아이들의 맑음과 순수함 가운데 하느님이 현존하심을 느끼는 것이다.
* 우거진 숲과 정원, 바닷가를 고요히 거닐 때, 여행하면서 하느님의 창조물 속에서 그분 현존을 의식하는 것이다.
* 식구와 친구들과 함께 지내며 하느님의 사랑과 현존을 깨닫는 것이다.
* 고통과 어려움과 장애를 만났을 때, 특히 병고 가운데 하느님께 의탁하는 것이다.

생활 속 기도는 우리가 사물과 사람과 노동을 하느님의 현존 안에서 느끼고 만나는 것이기에 우리 삶을 방해하지 않는다.

---
22. 곽승룡, 「마음의 영성수련과 마음으로 드리는 기도」(서울: 기쁜소식, 2006), 105.

혹시 일할 때 하느님을 지나치게 의식한 나머지 일을 방해한다고 생각할 수 있지만, 하느님을 의식하는 것은 우리 내면에 함께하시는 그분 현존으로 모든 것을 만나는 영적이고 내적인 위안이다.

다시 말해 생활 속 기도는 바쁜 일정표 대신 지속적으로 내면의 의식과 깊은 단계의 마음속에 하느님을 의식하게 한다. 사도 바오로는 다음과 같이 그 뜻을 나눈다. "성령께서도 나약한 우리를 도와주십니다. 우리는 올바른 방식으로 기도할 줄 모르지만, 성령께서 몸소 말로 다할 수 없이 탄식하시며 우리를 대신하여 간구해 주십니다."(로마 8,26)

아시시의 성 프란치스코는 "나의 어머니인 지구, 형제 태양, 자매 새들, 그리고 자연 속에서 보는 모든 것 안에서 하느님의 현존을 본다."고 기도했다. 그렇다. 기도는 삶 안에서 순간순간 하느님의 현존을 체험하는 것이다. 성 프란치스코는 따로 시간을 내어 기도하지 않았다고 한다. 하지만 하느님의 현존을 느끼는 자체가 기도가 되었단다.

하느님 식대로

생활 속 기도를 만나는 좋은 예가 되는 편지 일부를 소개한다. 다음 편지 가운데 하나는 일부만 싣고 다른 하나는 전문을 실었는데, 모두 생활 속에서 기도를 살아가는 분들의 편지라는 느낌이 물씬 난다.

+ 주님 사랑

하느님은 주시는 분이시잖아요.(He is THE only Giver.) 사랑은 무조건 주는 것이 아니라 '물어보고 주는 것'이 맞지만, 우리가 사랑하는 사람이 있을 때(에로스든 필리아든 아가페든) 자꾸 내 식대로 주고 싶은 것은 우리가 하느님 식대로 '나처럼' 내가 할 수 있는 사랑을 하기 때문이구나 싶어요. 그래서 상대방의 필요를 제대로 헤아리지 못하고 내 식대로 주어 부담을 주기도 하지만, 그건 그것대로 아름다운 것 같습니다.

+ 예수님 마음

…이번 주부터 차근차근 정리도 하고 떠날 날이 얼마 안 남았으니 있는 동안 더 많이 사랑하며 살기를 다짐합니다. 지난 토요일에는 살레시오회 신부님 한 분이 돌아가셔서 장례미사에 다녀왔어요. 이태석 신부님… 의사이면서 사제로 아프리카 수단에서 선교하다 재작년에 어머니를 뵈러 한국에 왔다가 암 진단을 받으셨어요. 이후 투병생활하다 하느님 품으로 가셨지요. 암 진단 받으시고도 계속 아이들 사이에 함께 사셨고 책도 쓰시며 항상 웃으시던 신부님이 돌아가신 것이 아직 실감나지 않아요.

신부님을 위해 기도하면서 '저도 수도자로 죽을 수 있기를' 청했습니다. 48세라는 젊은 나이에 하느님께서 데려가신 것이 인간적으로는 슬프고 아픈 일이지만 또 한편으로는 부럽기도 했어요. 정말 젊은이들 안에서 불꽃같은 사랑을 하셨고 이제는 하느님과 완전히 합일하셨으니까요. 언젠가 모두 하느님 나라에서 다시 만나겠죠?

장례미사 다녀오면서 옛날 생각이 났어요. 제가 청원자 때 성지에 다녀오면서 죽으면 하느님과 온전히 하나 될 수 있겠다는 생각이 들어 빨리 죽게 해 달라는 철없는(?) 기도를 했거든요. 다음에 우리 청원장 수녀님이 아시고 다시는 그런 기도 하지 말라고 하셨어요. 우습죠?

좋으신 신부님! 수도자의 길이 더 풍요롭고 행복합니다. 감기 조심하시고… 예수님 마음 안에서 만나요.

고해를 위한 기도

고해기도

자캐오는 일어서서 주님께 말하였다. "보십시오, 주님! 제 재산의 반을 가난한 이들에게 주겠습니다. 그리고 제가 다른 사람 것을 횡령하였다면 네 곱절로 갚겠습니다." 그러자 예수님께서 그에게 이르셨다. "오늘 이 집에 구원이 내렸다. 이 사람도 아브라함의 자손이기 때문이다. 사람의 아들은 잃은 이들을 찾아 구원하러 왔다."(루카 19,8-10)

고해성사, 사랑 찾는 길

용서의 길과 참회의 길을 지나 새로운 마음과 영혼으로 태어나는 세 번째 길은 바로 고해의 길, 고해성사다. 고해의 기도, 곧 고해성사는 죄에 대한 벌로 사람이 받는 어떤 것이 아니며 죄 때문에 치르는 재시험도 아니다.

고해는 비록 우리 안에 존재하는 죄의 결과를 치료하는 것이지만 죄에 대한 벌은 아니다. 고해는 주변 세계와 살아 있는 여러 존재 사이에서 결과적으로 지은 죄를 치료해야 하는 것이지만 죄 때문에 치르는 보충수업, 곧 나머지 수업이 아니다.

고해는 사랑의 행위다. 사랑의 행위는 마음과 영혼을 다시 태어나게 하고 세상을 치료한다.

　이것이 나의 계명이다. 내가 너희를 사랑한 것처럼 너희도 서로 사랑하여라.(요한 15,12)

넘어진 인간의 마음과 상처 난 세상의 완전한 재생의 비밀은 역설적으로 상처를 치료하기 위한 도구가 된다. 상처 받은 치유자가 되는 것이라고 할까? 신적 사랑의 채널에 인간과 세상의 주파수를 맞추는 것이다.

하느님께서 인간의 마음을 치료하는 것은 하느님 스스로 치유자가 되려는 요청에 의해서다. 하느님은 삶의 기부자시다.

하느님의 사랑은 치유를 목표로 움직인다. 하느님은 인간을 사랑하면서 치유하신다. 그러므로 사랑과 치유는 하느님께 동의어로 나타난다.

하느님은 살면서 숨 막히고 힘들어 쓰러져 가는 아픈 마음을 치유하시고, 외로움을 품어 안아주시며 새롭게 만나는 인생을 살도록 가르치신다. 이렇게 하느님께서 먼저 우리를 사랑하셨기에 우리도 그분이 사랑하는 길을 다시 찾아가야 한다.

바로 그 길은 고해성사다. 고해성사는 하느님께서 우리를 사랑하도록 초대한다. 예수님의 이름으로 사랑함으로써 우리는 그 길을 걸어갈 수 있다. 고해의 길은 작고 보잘것없는 사랑의 행동이지만 궁극적으로 위대한 하느님 사랑을 향해 가는 길이며, 그 길이 가지고 있는 것은 한마디로 '받아들임과 배려'다.

왜 이토록 깊은 사랑을 해야 하는가? 어째서 사랑해야 하는가? 고해를 위한 동기는 참회하는 삶에서 나온다. 하느님은 상처 받고 고통을 겪는 사람들이 자기 죄를 깨닫기를 바라신다. 또한 우리가 치유되길 갈망하신다. 곧 나와 너, 세상 속 여정에서 하느님은 우리가 치유되어 영적으로 성장하길 바라신다. 영적 성장은 참회에서 시작해 하느님의 사랑스런 마음 안에서 완성된다.

나는 그들의 길을 보았다. 그러나 나는 그들의 병을 고쳐주고 그들을 인도하며 그들에게 위로로 갚아주리라. 또 그들 가운데

슬퍼하는 이들에게 나는 입술의 열매를 맺어주리라.(이사 57, 18-19)

너희는 내가 굶주렸을 때에 먹을 것을 주었고, 내가 목말랐을 때에 마실 것을 주었으며, 내가 나그네였을 때에 따뜻이 맞아들였다. 또 내가 헐벗었을 때에 입을 것을 주었고, 내가 병들었을 때에 돌보아 주었으며, 내가 감옥에 있을 때에 찾아주었다.(마태 25,35-36)

고해의 길을 가는 데는 아래와 같이 단순한 양심성찰이 좋다.
* 배 고플 때만 음식 먹기
* 필요한 의복만 구하기
* 노인과 환자 방문하기
* 집 없는 이에게 주거 제공하기
* 감옥에 갇힌 이 방문하기
* 가벼운 고민 해결해 주기
* 지친 이에게 용기 주기
* 옳은 길을 찾고 부정한 길에 떨어지는 이 가르치기
* 손해 보고 고통 속에 있는 이와 함께 울어주기
* 애쓰는 이와 함께 기도하기
* 혼자서 놀기

자기희생을 요구하는 조심스러운 이 지침은 건강과 환경, 시간·원천·에너지·주의력의 희생을 바란다. 또한 예수님의 이름으로 하는 사랑의 업적이며, 자기편에서 희생하는 것이다. 다른 말로 하면 고해의 길은 '주변'에서 무엇인가를 가볍게 찾는 것과 같다.

우리는 고해의 길을 가기 위해 주변에서 뭔가를 찾는 동안 이 같은 심리적 느낌, 곧 작은 기쁨, 큰 기쁨, 한동안의 기쁨을 발견할 수 있다. 이런 느낌은 사람들에게 단순히 마음을 여는 데서 시작할 수 있다. 이 기쁨은 마음 밖에 맑고 밝은 하늘을 만들고, 마음속에서 이웃과 생명과 하느님을 다시 만나게 한다.

고해의 길을 걷다 보면 온전히 자신을 만나게 된다. 곧 더 위대한 사랑의 전달자로서 자신의 진심, 곧 자기 자신을 만난다. 사랑의 계명을 지킬 때, 하느님의 사랑과 은총은 자신을 통해 피어나며 마음과 영혼이 새로 태어난다.

이렇게 태어난 마음과 영혼의 따뜻함에서 사람은 자신의 진심을 이해할 수 있다.

그때에 예수님께서 제자들에게 말씀하셨다. "누구든지 내 뒤를 따라오려면, 자신을 버리고 제 십자가를 지고 나를 따라야 한다. 정녕 자기 목숨을 구하려는 사람은 목숨을 잃을 것이고, 나 때문에 자기 목숨을 잃는 사람은 목숨을 얻을 것이다."(마태 16,24-25)

말이든 행동이든 무엇이나 주 예수님의 이름으로 하면서, 그분을 통하여 하느님 아버지께 감사를 드리십시오.(콜로 3,17)

예수님의 이름으로 사랑을 실천한다는 것은 무슨 뜻일까? 바로 예수님의 이름으로 자신의 유익과 반대되는 것을 찾으며 하느님을 위해 산다는 뜻이다. 하느님은 우리 자신을 통해 세상을 사랑하고 만나신다. 하느님은 당신 뜻과 사랑을 우리가 하는 말과 생각과 행위를 통해 계시하신다.

그러면 임금이 대답할 것이다. "내가 진실로 너희에게 말한다. 너희가 내 형제들인 이 가장 작은 이들 가운데 한 사람에게 해준 것이 바로 나에게 해준 것이다."(마태 25,40)

8년간 아프리카 오지 남부 수단 톤즈에서 한센병 환우들과 그 가족의 아이들과 함께 살다 2010년 1월 14일 선종한 이태석 신부는 "가장 작은이들 가운데 한 사람에게 해준 것이 바로 나에게 해준 것이다."(마태 25,40)라는 말씀과 중학교 1학년 무렵 성당에서 본 '다미안 신부' 영화를 통해 성소를 느꼈다. 너무 척박해 아무도 가지 않는 오지에 살면서 환자를 돌봤는데, 2001년 6월 24일 서울에서 사제품을 받고 같은 해 11월 "한국에도 어려운 벽지가 많은데 왜 꼭 아프리카로 가야만 하느냐?"는 가족들의 만류에도 "그곳에는 아무도 가려는 사람이 없기

때문"이라는 답을 남긴 채 그는 아프리카로 떠났다.[23]

자신이 좋아하는 것을 사랑하는 것은 쉽다. 자신을 위해 사랑을 실천하는 것도 쉽다. 하지만 형제들 가운데 작은 이를 위해 사랑을 실천하는 것은 다르다. 그것은 자신을 넘어선 사랑, 소유와 유익을 넘어선 사랑이다. 고 이태석 신부를 통해 더욱 강력한 사랑의 길로 우리를 초대하신 하느님은 당신의 사랑을 살도록 우리 모두를 세상나라에 초대하셨다.

예루살렘에서부터 시작하여, 죄의 용서를 위한 회개가 그의 이름으로 모든 민족들에게 선포되어야 한다.(루카 24, 47)

우리는 고해를 통해 더 이상 애정에 집착하는 수집가가 되지 않고 사랑의 통로가 된다. 애정을 수집하는 것은 어떻게 사랑하는지를 잊은 사람들의 행동이다. 지난 상처와 부서진 마음은 우리 마음을 파괴한다. 사람들의 사랑을 모으려 할 때, 우리는 그 사랑 안에서 경쟁하기 쉽다. 그래서 우리는 지속적으로 대상을 추구하는 갈등 가운데 상처를 주고받는다.

같은 방법으로 우리가 바라는 것을 추구하는 한 싸움은 계속되고 고요함을 유지하려던 마음을 아수라장으로 만든다. 그러니 마음이 다른 사람들의 애정을 추구하고 집착하게 내버려 두

---

23. 가톨릭 신문, 2011년 1월 28일, 2731호.

지 말아야 한다. 사랑의 통로를 열어 자유롭게 살게 해야 한다. 하느님과 만나 사귐으로써 우리는 생명을 나누고 어지러운 세상에 치유를 선물한다. 과연 그렇게 살다간 사람이 있을까? 그 사람은 바로 고 이태석 신부다. 우리 곁에 왔던 성자, 예수님을 닮은 진정한 성자가 바로 그였다.

나눔의 힘

그러자 주님께서 그에게 이르셨다. "정녕 너희 바리사이들은 잔과 접시의 겉은 깨끗이 하지만, 너희의 속은 탐욕과 사악으로 가득하다. …속에 담긴 것으로 자선을 베풀어라. 그러면 모든 것이 깨끗해질 것이다."(루카 11,39.41)

날마다 영성 생활을 하는 우리에게 다음 네 가지 체험을 통해 어느 순간 영적 힘이 솟아오름을 알게 될 것이다.
* 불만과 짜증이 많은 것을 발견한다.
* 기도로 마음을 열고 일한다.
* 따뜻한 호의가 냉랭함과 까칠함을 이겨낸다.
* 미안한 감정을 스스로 느낀다.

이런 일이 일어날 때 다음 행동을 취해야 한다. 영성 생활의 민감성과 건강을 회복할 수 있는 가장 효과적인 방법은 자선을 베푸는 일이다. 거리나 교회에 가서 가난한 이들에게 도움을 주어야 한다. 자신에게 나눔이 더 필요하더라도 자선을 베풀기 위해 적합한 때 자신의 필요를 포기할 줄 알아야 한다. 자선과 나눔은 영성 생활에서 오는 장애물을 해결하는 데 큰 힘이 된다. 고 이태석 신부는 자신의 전부를 아낌없이 나누었기에 위의 네 가지 체험은 일상에서의 삶이었을 것이다. 나눔!

"사랑은 무례하지 않고 자기 이익을 추구하지 않으며… 모든 것을 견디어 냅니다."(1코린 13,5.7)

단순한 생활

너에게 아직 모자란 것이 하나 있다. 가진 것을 다 팔아 가난한 이들에게 나누어 주어라. 그러면 네가 하늘에서 보물을 차지하게 될 것이다. 그리고 와서 나를 따라라.(루카 18,22)

교회 역사를 보면 '가진 것을 다 팔아 가난한 이들에게 나누어 주어라…. 그리고 와서 나를 따라라.' 하신 주님 말씀을 살아간 성인이 많다. 초기 교회 때 사막에서 수도 생활을 시작한 성 안토니오, 중세 때 아시시의 성 프란치스코, 조선 말기 박해 때 충청도 내포지방 양반 유군명도 이 말씀을 어떻게 실천할지 고민했다.

양반 유군명의 일화를 보면, 그는 이 복음 말씀을 묵상하던 끝에 다음과 같은 결론을 내렸다. 자기가 지닌 가장 값진 것을 가난한 이들에게 나누어 주기로 마음먹은 것이다. 자기 소유의 노비를 풀어주는 일이었다. 당시 19세기 말 갑오경장 때 조선에서는 공식적으로 사노비가 해방되었지만, 양반 유군명은 백년을 앞당겨 사노비를 모두 풀어주며 복음 말씀을 실천했다.

 단순한 생활은 내가 할 수 있는 만큼 말씀을 살아가는 데 있다. 유군명과 고 이태석 신부처럼 엄청난 결단이 아니라도 복음 말씀을 실천할 수 있는 만큼 살아간다면 주님께서 용기와 힘을 주실 것이다. 단순한 생활은 하느님과 이웃, 주변에서 쉽게 만나는 생명과 날마다 나누는 생활이다.

 첫째, 단순한 생활은 자신이 사용하지 않는 것을 포기하는 것이다. 이는 수집가에서 벗어나 신중한 사용자가 되는 길이다. 이는 나눔을 실천하며 사는 이웃과 함께 풍요롭게 사는 것이다.

 둘째, 단순한 생활은 자신이 가끔 사용하는 것을 나누는 것이다. 다시 말해 내게 반드시 필요하지 않지만 쓸 만한 것을 나누는 것이다. 왜 그렇게 해야 하는가?

 여기에는 매우 실천적이고 현실적인 이유가 존재한다. 둘째 방법은 적게 필요하거나 필요하지 않은 것을 의미 있게 나누는 것으로 이는 치유 여정을 시작하게 한다. 이렇게 나누며 살아갈 때 우리는 영적인 길에서 낙오하지 않고 성장할 수 있다. 삶을 유지하는 데 많은 것을 소유할 필요는 없다. 소유물은 다만 자신의 신원을 지지하고 스스로 훌륭하고 중요하다는 느낌을 줄 뿐이다.

하지만 자기 신원과 가치는 다른 원천에서 나온다. 자기 신원과 가치를 지지하기 위한 소유는 더 이상 필요하지 않으며, 소유물은 자신을 패배시킬 수도 있다. 어떻게? 자유를 방해하고 물질의 노예로 전락해 공포를 일으키기 때문이다.

우리가 소유한 모든 것은 우리의 몸·정신·감성을 얽어맨다. 여러 채의 집과 별장은 더 많은 노동을 요구하고 지속적인 걱정의 원인이 된다. 보석은 안전한 곳이 필요하고 도난당할지도 모른다는 불안을 불러일으킨다. 현실적으로 우리가 소유하는 모든 것에 소유당하게 된다. 우리가 언제 어디서나 자유로울 수는 없지만 이 모든 것에서 자유로워지려면 많은 시간이 필요하다.

우리는 단순하게 사는 길을 택하며 삶의 스타일을 새롭게 바라보아야 한다. 사랑을 담아 삶을 진정 창의적으로 응답할 자유를 느끼는가? 자기 스타일을 이끌어 갈 수 있는가?

해마다 서재·지하실·찬장·보석함을 정리해 보자. 온갖 유혹에 맞서 가능하면 모든 것을 나누되 먼저 더 이상 사용하지 않는 것부터 나누자.

해마다 가진 것을 손쉽게 보내고 나눌 수 있는 것을 용이하게 하는 자신을 발견하게 될 것이다. 치유 여정 가운데 나누면 마음이 밝아지고, 환한 마음은 사람들에게 전달된다.

내 이름 때문에 집이나 형제나 자매, 아버지나 어머니, 자녀나

토지를 버린 사람은 모두 백 배로 받을 것이고 영원한 생명도 받을 것이다.(마태 19,29)

단순한 삶은 포기하는 것이 아니라 용서와 참회, 고해의 길을 먼저 걸어가는 사람만이 발견할 수 있다. 단순한 삶은 나눔의 열정으로 성장하고 마음과 영혼을 새롭게 한다. 이 열정은 자신의 짐을 풀어놓을 때 무한한 영적 기쁨으로 가득한 삶을 살아가게 한다. 이것이 우리를 짓누르고 경험을 해치는 모든 짐을 풀어놓는 삶이다. 사랑하며 생명을 나누는 우리의 능력 안에 펼쳐지는 무한한 삶이다.

고해성사 매뉴얼

용서기도의 3단계

용서의 능력을 청하라
함부로 하고 상처 준 사람들을 용서할 능력을 달라고 청하여라. 자기 힘이 아니라 주님의 능력으로 용서하도록 청하라.

용서를 결정하라
용서는 감정과 생각이 아니라 결정이다. 그러니 용서할 수 있는 생각과 감정에 이를 때까지 기다리지 말고 용서하기로 마음먹어라. 용서는 부족한 대로 자신이 내리는 결정이고 결심이며, 의지의 실행이고 행동이다. 용서하려는 결심과 함께 그 감정이 지나가게 해야 한다. 하느님께 청하면 결심을 강하게 해 주신다.

누가 누구에게 불평할 일이 있더라도 서로 참아주고 서로 용서해 주십시오. 주님께서 여러분을 용서하신 것처럼 여러분도 서로 용서하십시오.(콜로 3,13)

성령께 청하면서 내린 결정은 마음의 문에 걸려 있는 분노와 미움의 빗장을 들어 올리는 것과 같다. 그때 용서의 감정이 일어나기 시작할 것이다.

상처 준 사람을 위해 기도하라

청하고 결정하고 상처 준 사람을 위해 기도하라. 첫째, 예수님께 그들을 보호하고 지켜 달라고 청한다. 둘째, 그들의 식구와 친구들이 건강하길 청한다. 셋째, 그들이 하는 일이 성공하길 청한다. 넷째, 그들이 축복을 가득 받아 행복하고 평안하길 청한다. 다섯째, 그들에게 필요한 것이 조금도 부족하지 않길 청한다.

인간이 인간에게 화를 품고서 주님께 치유를 구할 수 있겠느냐? 인간이 같은 인간에게 자비를 품지 않으면서 자기 죄의 용서를 청할 수 있겠느냐?(집회 28,3-4)

용서를 베푼 사람한테서 긍정적인 답을 들으리라고 기대하지 마라. 심지어 상처 준 사람들을 어떻게 볼 것인지 기다리지 말고, 용서를 결심하기에 앞서 그들을 마음으로 용서할 길을 찾아라. 감사와 친절, 용서를 기대하지 마라. 이 같은 기대는 또 다른 상처와 분노가 마음과 영혼의 문을 두드리며 찾아오게 한다.

용서하려면 생각과 전망을 버려야 한다. 마음을 병들게 하고, 쓰레기처럼 악하고 거친 말을 하거나 상처 주고 욕하는 사람들의 모습을 더 이상 쳐다보지 말아야 한다.

참회기도의 3단계

참회의 은총을 청하라
참회의 길을 가기 전에 너무 오랫동안 용서의 길을 걷지 말아야 한다. 주님께 참회 은총을 구하라. 예수님 앞에서 자신의 잘못과 죄로 이웃에게 상처 준 고통을 느끼도록 청해야 한다. 이는 자신이 지은 죄와 죄책감 때문이 아니다. 자신은 물론 상대방에게 큰 상처를 주어 죄에 민감해질 수 있기 때문이다.
상처는 죄가 아니다. 죄와 잘못으로 상처가 생겼지만 고해성사의 은총으로 치유된 상처의 흔적을 보고 또다시 죄책감을 느끼며 피정 때마다 고백해 심리적 위안과 죄에 대한 보상을 받으려는 습관을 갖지 말아야 한다. 상처는 죄의 흔적이며 동시에 용서와 축복과 은혜의 표지다. 참회의 은총을 구하는 기도는 죄의 비극적 결과에 민감한 마음을 알아차리게 한다.

눈물을 흘려라
몸이 바라는 감정의 흐름에 자신을 맡기고 울어라. 참회의 길로 들어가는 두 번째 단계는 눈물을 흘릴 수 있도록 성령께 청하는 기도다. 기도할 때 우리는 자신의 죄로 생기는 고통과 사람들의 죄가 만드는 고통 때문에 눈물을 흘릴 수 있도록 성령께 청해야 한다. 무딘 마음 안에 갇혀 있는 끔찍한 외로움과 절망 앞에서 울 수 있도록 청해야 한다.

눈물은 잘못을 씻어주고 고통을 이겨낼 힘을 주어 우리 마음이 더욱 민감해지도록 이끌 것이다.

그러므로 내가 너에게 말한다. 이 여자는 그 많은 죄를 용서받았다. 그래서 큰 사랑을 드러낸 것이다. 그러나 적게 용서받은 사람은 적게 사랑한다.(루카 7,47)

예수님께서 예루살렘에 가까이 이르시어 그 도성을 보고 우시며 말씀하셨다.(루카 19,41-42)

말씀에 일치하라

은총과 눈물로 변화된 자신을 복음 말씀에 맡기자. 회심과 눈물을 통해 하느님은 당신 마음과 함께 감정의 은혜를 우리에게 나누어 주신다. 참회는 하느님과 하나 되는 특별한 길이며 우리는 이 길을 통해 전에 알지 못한 사랑의 하느님을 만나게 된다. 우리가 걷는 참회의 길은 심리적 위안과 치유뿐 아니라 본디 존재하던 더 넓고 큰 영혼과 마음을 새롭게 하기 위한 것이다.

고해기도

자신을 보고 깨달아라

고해하려면 먼저 자신을 제대로 바라보고 깨달아 참회해야 한다. 그런 다음 예수님을 만나야 한다. 자캐오는 예수님을 만나려고 돌무화과나무 위에 올라갔다. 그래서 자캐오는 자신의 현재 모습과 인생의 미래를 정확하게 알 수 있었다. 그는 주님께 이렇게 말씀드린다.

" '보십시오, 주님! 제 재산의 반을 가난한 이들에게 주겠습니다. 그리고 제가 다른 사람 것을 횡령하였다면 네 곱절로 갚겠습니다.' 그러자 예수님께서 그에게 이르셨다. '오늘 이 집에 구원이 내렸다. 이 사람도 아브라함의 자손이기 때문이다. 사람의 아들은 잃은 이들을 찾아 구원하러 왔다.' "(루카 19,8-10)

참회의 길 다음으로 새로운 마음과 영혼으로 태어나게 하는 세 번째 길은 바로 고해의 길, 고해성사다.

고해는 죄와 벌에 대한 보충수업이 아니다. 고해성사는 죄에 대한 벌로서 사람이 받는 어떤 것이 아니며, 죄 때문에 치르는 재시험도 아니다. 고해는 우리 안에 존재하는 죄의 결과를 치료하는 것이며 죄에 대한 벌이 아니다. 고해는 우리 주변 세계와 살아 있는 여러 존재 사이에서 결과적으로 지은 죄를 치료하는 것이지만 죄 때문에 치르는 보충수업이 아니다.

사랑을 실천하라

고해는 구체적 사랑의 행동이며 행위다. 사랑의 행위는 마음과 영혼을 다시 태어나게 하고 세상을 치료한다. 하느님의 사랑은 치유를 목표로 움직인다. 하느님은 우리 인간을 사랑하며 치유하신다. 그러므로 사랑과 치유는 하느님께 동의어로 나타난다. 고해의 길은 작고 보잘것없는 사랑의 행동이지만 궁극적으로 하느님께 나아가는 사랑의 길이다. 그 길이 가지고 있는 것은 한마디로 '받아들임과 배려'다.

영적으로 성장하라

고해는 영적 성장으로 이끈다. 이 깊은 사랑을 왜 해야 하는가? 어째서 사랑해야 하는가? 고해는 참회하는 삶에서 시작된다. 하느님은 상처 받고 고통당하는 사람들이 자기 죄를 자각하길 바라신다. 또한 하느님은 치유되길 갈망하신다. 곧 나와 너, 세상 속 여정에서 하느님은 우리가 치유되길 바라신다. 하느님이 궁극적으로 바라시는 것은 인간의 영적 성장이다. 이는 참회로 출발해 하느님의 마음 안에서 완성된다.

고해의 길을 걷다 보면 전에 만나지 못한 자신을 발견한다. 더 위대한 사랑의 전달자로서 자신과 온전히 만난다. 우리가 스스로 사랑의 계명을 지킬 때 하느님의 사랑과 은총은 자신을 통해 꽃피운다. 바로 그때 마음과 영혼이 다시 태어난다. 고해를 통해 우리는 더 이상 애정의 수집가가 아니라 사랑의 통로가 된다. 우리는 사랑의 통로를 열어 자유롭게 살아야 한다. 우리가 하느님을 만나는 것은 생명을 나누고 어지러운 세상에 총체적 치유를 선물하기 위함이다.

고해성사를 위한 양심성찰 가이드

자기희생을 위한 지침
부모 공경하기, 구체적으로 식구 돌보기, 배 고플 때만 음식 먹기, 옷은 필요한 것만 구하기, 노인과 환자 방문하기, 집 없는 이에게 주거 제공하기, 감옥에 갇힌 이 방문하기, 가벼운 고민 들어주기, 지친 이에게 용기 주기, 옳은 길 찾고 부정한 길 가는 이 가르치기, 손해 보고 고통당하는 이와 함께 울어주기, 애쓰는 이와 함께 기도하기, 생명 아끼기.

언제 이웃 사랑을 나누는가?
짜증나고 불만이 많은 자신을 발견할 때, 기도로 마음을 열고 일할 때, 따뜻함과 호의가 냉랭함과 까칠함을 이겨낼 때, 스스로 미안한 감정을 느끼기 시작할 때 우리는 이웃 사랑을 나눈다. 해마다 서재·지하실·찬장·보석함을 점검하고, 온갖 유혹에 맞서 가능하면 모든 것을 나누도록 하자. 무엇보다 자신이 더 이상 사용하지 않는 것을 나누자.

우리도 이와 같이 열매 맺는
축복을 받을 수 있다는 신념을 지녀야 한다.
그렇게 할 수 있다는 확신과 신념에 찬 마음을 지키는 데서
좋은 열매를 맺을 수 있기 때문이다.
'신념을 지녀라. 축복과 열매가 맺히리라.'

3 행복하여라, 마음이 깨끗한 사람들
_마음기도

맑은 마음과 행복

마음속 가시를 찾아라

 몇 년 사이에 성격과 성향을 찾는 인간 이해 프로그램이 많아졌다. 사회가 물질 중심으로 바쁘다 보니 자신과 내면을 알고 싶은 영적 갈증의 단면을 반영한 듯 인기가 많다. MBTI · 에니어그램 · 교류분석 프로그램 등 사람들에게 잘 알려진 프로그램은 마치 운전자한테 안전하게 길을 안내하는 이정표와 같다. 이런 프로그램은 인생의 도로를 주행하는 데 도움이 되지만 길을 잘 안다면 굳이 이정표를 보지 않아도 된다.
 요즘 이런 인생길 표지판이 길을 가는 데 도움을 주는 단순한 도우미라는 생각이 든다. 하지만 어떤 사람은 자신의 이정표에 온전히 꿰맞추고, 나아가 그것을 그리스도교 영성과 내적 여정으로 확대하거나 오해하기도 한다.
 이 프로그램에 약간의 영감을 받아 자신을 바라본 적이 있는 나는 생각이 많고 말수가 적으며, 머리를 주로 쓰며 외향과 내향이 하나로 행동하는 경향을 보이는 듯하다. 특히 감각과 감성보다 사고와 통합형 요소를 잘 드러내는 듯하고, 비교적 논리적이며 미래와 현재를 단계적으로 만나려는 성향을 가지고 있는 듯하다.

그러다 보니 단점으로 나타나는 것은 감성과 느낌에 대한 인간적인 면이 부족한 것이 아닌가 하는 생각이 든다. 나는 아직 그것을 발견하지 못한 것일까? 그러나 슬픈 영화나 가엾은 사람들을 보면 눈물이 난다. 그런데도 나에게 감성 훈련이 필요한 것일까?

한번은 동생을 통해 컴퓨터를 구입하려고 새 모델과 사용법을 부탁했다. 그런데 며칠이 지나도 소식이 없어 여러 번 전화를 했지만 통화가 이루어지지 않았다. 그래서 동생 사무실에 가서 무슨 일을 그렇게 하느냐며 버럭 소리를 질렀고 동생은 그러지 말라고 부탁했다. 나는 어이없어 하면서 그동안 진행된 사실을 논리적으로 따지며 큰 소리를 내며 응수했다. 그러자 동생은 컴퓨터는 컴퓨터고 지금 여기서 큰 소리는 자제해 달라는 부탁을 다시 했다.

그때 나는 사소한 것 같지만 마음속에 숨어 있는 가시가 바로 내가 강점으로 여기던 '논리'와 '합리성'임을 알게 되었다. 모든 것을 마음속 가시로 판단해 온 것이다. 그 후 가시를 뽑아내고, 논리와 감성적 요소를 분리해 살아가려고 애쓰고 있다.

마음의 힘, 믿음이 약한 탓이다

사실 사람은 마음에 넘치는 것을 입으로 말하기 마련이다.

"주님, 제 아들에게 자비를 베풀어 주십시오. 간질병에 걸려 몹시 고생하고 있습니다. 자주 불 속으로 떨어지기도 하고 또 자주 물속으로 떨어지기도 합니다. 그래서 주님의 제자들에게 데려가 보았지만 그들은 고치지 못하였습니다." 그때에 제자들이 따로 예수님께 다가와, "어찌하여 저희는 그 마귀를 쫓아내지 못하였습니까?" 하고 물었다. 예수님께서 대답하셨다. "너희의 믿음이 약한 탓이다. 내가 진실로 너희에게 말한다. 너희가 겨자씨 한 알만 한 믿음이라도 있으면, 이 산더러 '여기서 저기로 옮겨가라.' 하더라도 그대로 옮겨갈 것이다. 너희가 못할 일은 하나도 없을 것이다."(마태 17,15-16.19-21)

아들의 병이 얼마나 사무쳤으면 소리를 지르며 예수님께 치유를 부탁할까? 예수님은 곧바로 간질병에 걸려 고생하는 아이를 위해 호통을 치며 마귀를 쫓아내셨다. 그런데 왜 제자들은 마귀를 쫓아내지 못할까? 예수님은 믿음이 약한 탓이라고 말씀하신다. 그러면 주님이 말씀하시는 믿음이란 도대체 무엇일까? 어떻게 해야 강해질까? 초기 교회 교부와 영성가들은 단식과 기도 두 가지를 제시했다. 단식과 기도를 하지 않으면 마귀를

쫓아낼 수 없다.[24]

단식은 몸을 맑게 하는 수행이며 기도는 정신과 마음을 깨끗하게 하는 수행이다. 요즘같이 몸짱·얼짱 하면서 몸에 마음을 많이 쓰는 때가 있었을까? 요즘 수도원 체험과 템플스테이에 참여하는 사람들이 늘어나고 있다. 그런데 초기 그리스도교 영성가들은 몸과 마음에 관심이 많아 영혼과 마음을 닦는 수행을 많이 했다. 단식과 기도는 수행 방법 가운데 하나로, 단식은 식탐을 경계하고 생활 속에서 음식에 대해 욕심을 부리지 않는 것이다. 본디 먹는 것은 인간의 자연스러운 규칙이다.

성 바실리오는 단식은 충분함이라고 했다. 다시 말해 충분함을 넘어선 지나침과 과다함을 경계해야 한다고 했다. 아무튼 단식이든 포식이든 이웃을 사랑해야 한다. 단식과 포식이 자신을 위한 다이어트나 식탐이 아니라 이웃을 사랑하는 행위, 희생과 나눔으로 드러날 때 수행과 기도가 된다.

나무는 땅에서 필요한 만큼만 영양분을 취하고, 동물도 필요한 만큼만 먹는다. 인간도 본디 자연적 본능을 가지고 태어났다. 그런데 인간은 본능뿐 아니라 자유의지를 지닌다. 결과적으로 지나치게 사용한 나머지 죄와 나쁜 습관이 타고난 본능을 변하게 한 것이다.

교부들에 따르면 기도는 '하느님께 마음을 들어 높임'이다.

---

24. T. Spidlik, *Il vangelo di ogni giorno IV*, 23-24.

하느님이 머무시는 마음은 가장 완전한 상태다. 선하고 아름다운 모든 것을 들어 높이는 대신 마음속 생각을 내려놓고 필요한 것을 취해야 한다. 이것이 영성 생활에서 기도의 기능이다.[25]

믿음이 강해지는 두 가지, 곧 단식과 마음을 들어 높이는 기도를 통해 겨자씨 한 알만 한 믿음이 생겨, 이 산 더러 '여기서 저기로 옮겨가라.' 하더라도 그대로 옮겨갈 것이라는 주님 말씀이 우리를 움직이도록 허락해야 한다. 그러면 우리가 못할 일은 하나도 없을 것이다.

그러니 마음속 가시를 발견하고 주님 말씀으로 채우면, 그분 마음이 내 마음 안에서 움직여 믿음이 강해진다는 것을 믿어야 한다.

기도하면 성숙해진다

세상도 그렇지만 인격은 다양한 내적 단계를 거쳐 성장한다. 철학자 키르케고르는 인간 발전과 성장과정은 다음 세 단계로 나타난다고 했다.[26]

첫째는 미학美學이요, 둘째는 윤리倫理요, 셋째는 종교宗敎다.

인간이 영적으로 성숙하고 발전하는 것은 먼저 예술·음악·문학 등 문화생활에서 나타난다. 매일의 생활에서 문화적 호기

---

25. T. 스피들릭, 「마음으로 드리는 기도」, 82 참조.
26. T. Spidlik, *Il vangelo di ogni giorno III*, 141.

심이 인간 삶의 질을 조화롭게 성장해 간다는 것이다. 이것이 미학이다.

인간의 영적 발전은 삶의 규칙과 계명을 성실히 지킴으로써 이루어진다. 옛 선비들의 삶이야말로 윤리적 삶의 모범이다. 그들은 세상 질서와 사람 사이의 도리에서 신의를 지키며 살았을 뿐 아니라 학문을 위해 평생 홀로 정진했는데, 이것이 윤리적 삶이다.

마지막으로 현실적 신앙생활에서 우리 인간의 정통성은 최고조에 이른다. 하느님과의 내적 관계를 추구하는 신앙생활은 기도를 통해 인간 본질을 발견한다. 이런 영적 만남은 그리스도를 통해 그리스도 안에서 확인될 수 있다. 앞선 미학과 윤리적 삶은 신앙생활을 준비하는 단계다. "그리스도의 충만한 경지에 다다른"(에페 4,13) 인간은 아름다움을 알아차리고, 규칙과 계명을 철저히 지키며 살 뿐 아니라 기도로 완전한 인간 성숙을 이룬다.

열매와 잎

어떤 형제가 수도원장 아가톤에게 물었다. "말씀해 주십시오, 원장님. 육체노동과 마음을 지키는 것 가운데 어떤 것이 더 위대합니까? 마음입니까, 노동입니까?" 원장은 다음과 같이 말했다. "둘 다 위대합니다. 사람은 나무와 같습니다. 육체노동은 잎이고, 마음을 지키는 것은 열매입니다. 그렇지만 '좋은 열매를 맺지 않는 나무는 모두 찍혀서 불 속에 던져진다.'(마태 3,10)는 성경 말씀에 따르면 우리는 열매, 곧 마음을 지키는 일에 집중해야 합니다. 그럴더라도 화려한 겉껍질이 되는 잎은 육체노동인데, 이 또한 우리한테는 필요합니다."

성인은 이렇듯 놀라운 비유로 마음을 지키지 않고 덕만 실천하는 사람들을 책망했다. '좋은 열매는 맺지 못하면서, 곧 마음을 지킬 줄 모르면서 잎만 무성한(외적 행동만 올바른) 나무는 모두 베어 불 속에 던진다.'는 말을 들은 형제가 말했다. "과연 원장님의 말씀과 정의定義는 놀랍습니다!"

우리도 이와 같이 열매 맺는 축복을 받을 수 있다는 신념을 지녀야 한다. 그렇게 할 수 있다는 확신과 신념에 찬 마음을 지키는 데서 좋은 열매를 맺을 수 있기 때문이다. '신념을 지녀라. 축복과 열매가 맺히리라.'

신속한 준비와 바른 예측

화재가 발생한 응급 상황에서 가장 먼저 할 일은 소방서에 신고하는 것이다. 소방대원들은 늘 깨어 화재 진압 준비를 하고 있어야 한다. 물론 구급대원들은 낮잠을 자고 휴식도 하지만 언제나 완전무장 상태에서 비상 출동을 위해 소방차가 곧바로 출발할 수 있도록 만반의 준비를 해야 한다. "너희는 허리에 띠

를 매고 등불을 켜놓고 있어라."(루카 12,35)

그러나 준비를 아무리 잘하려 해도 긴급 상황이 닥쳤을 때 생명을 구할 수 있는 핵심은 신속한 시간, 곧 얼마나 빨리 움직이는가에 있다. 응급 상황에서 속도감은 필수 불가결한 핵심이며 생명을 살리는 것과 직결된다. 놀라고 위험을 느껴 속도감이 붙지 않으면 응급 상황에서 생명을 살릴 수 없다. 그러므로 속도가 생명을 구한다고 믿어야 한다.

이렇듯 마음을 다쳤을 때, 분노로 속마음이 타들어 갈 때, 오해로 마음 안에 미움이 자라날 때 속도를 내어 마음을 치료하는 영혼의 119구급차에 얼른 올라야 한다. 호미로 막을 것을 가래로 막는다는 말처럼 깨끗한 마음을 발견하고, 혹시 마음이 혼란스럽거나 상했을 때 얼른 치유 과정에 돌입해야 한다.

순발력과 함께 다가올 위험을 예측하고 미리 준비하는 것도 맑은 마음을 만들기 위한 속도감 못지않게 중요하다. 허리에 띠를 매고 등불을 켜놓는다 해도, 상황을 미리 예측할 수 없다면 준비는 기다림의 연장일 뿐이다.

왜 정글이 무서운가? 위험한 상황은 왜 일어나는가? 나무가 많은 정글은 보이는 쪽보다 보이지 않는 뒤쪽이 위험하다. 이와 같이 도시의 정글도 위험하다. 언제 어디서 자동차가 달려올지 모르기에 위험한 것이다. 그러나 이런 위험도 안전 수칙을 잘 지키면 예방하고 예측하여 큰 위험에서 벗어날 수 있다. 마음의 숲도 이 같은 이치로 안전 운행을 위해 빠른 준비와 바른 예측으로 어려움을 이겨낼 수 있다. 그러면 "행복하여라. 마음이 깨끗한 사람들"(마태 5,8)이 될 것이다.

많은 것을 예측하고 본다고 해도 미처 헤아리지 못하는 것이 있다. 바로 죽음이라는 시간이다. 교회 설교가들은 죽음이 죄의 결과임을 강조하면서 회개하고 반성하라고 말하는데, 그 방법이 공포에 질리게 할 때가 있다.

등불을 켜놓아라

'등불을 켠다'는 이미지는 무엇인가? 거룩한 은총의 상징적 표현이다. 그리스도교 복음 속 그리스도께서 주시는 경고는 단순히 겁을 주거나 무섭게 하려는 것이 아니다. 등불을 켰다는 것은 매우 긍정적인 의미로, 지금 내가 이미 영원한 삶을 살아가고 있다는 것이다. 그렇다면 등불이 꺼지는 것은 삶이 아니라 바로 죽음을 만나는 것이다.

삶은 풍요로운 만남이며, 반대로 죽음은 모든 관계의 중단이요 외로움이다. 일반적으로 삶과 죽음은 반대의 뜻을 가지고 있다고 믿는다. 그러나 그리스도교 복음은 그렇게 말하지 않는다. 오히려 죽음은 주님과의 만남이며 신랑과 신부가 하나 되는 혼인 잔치와 같다.

그리스도를 믿는 이들에게 죽음은 삶을 위한 만남이며 준비다. 물론 예상치 않은 누군가와의 만남, 특히 한 번도 보지 못한 사람과의 만남은 큰 걱정거리다. 하지만 예상치 않게 만날 사람이 자신을 사랑하는 사람이라면 그 만남은 두려운 것이 아니라 기쁨이 될 것이다.

"행복하여라, 주인이 와서 볼 때에 깨어 있는 종들! 내가 진실로 너희에게 말한다. 그 주인은 띠를 매고 그들을 식탁에 앉게 한 다음, 그들 곁으로 가서 시중을 들 것이다."(루카 12,37) 이 복음이 전하는 바는 주인을 기다리는 이는 행복하다는 것이다. 주인이 인간의 봉사자가 되는 소식인데 그리스도께서 이미 당신 수난 전에 약속하신 말씀이다. "나는 너희를 더 이상 종이라고 부르지 않는다. …나는 너희를 친구라고 불렀다."(요한 15,15) 맑은 마음과 영혼의 완전한 탄생을 알리는 아름다운 종소리와 같은 기쁜 소식이 아닐 수 없다.

천국, 음식을 나누는 공동체

성경에서 우리가 알지 못하는 다가올 미래는 새로운 낙원, 곧 천국을 말한다. 그러면 미래의 천국을 어떻게 알아들을 수 있을까? 중세의 스콜라 신학은 단순한 방법으로 설명한다.

이미 알고 있듯 성경에서 하느님 나라는 잔치에서 식사를 하는 것에 비유된다. 복음서에 잔치 이야기가 많이 나오는 것도 이 때문이다. 그런데 천국에서는 인간의 몸을 위해 많은 영양분이 첨가된 음식은 필요하지 않다. 우리는 영적 음식에서 필요한 영양을 취해야 한다. 이 음식을 중세 스콜라 신학은 '진리에 대한 인식'이라고 말하며 이 음식이 우리 인간에게 행복을 가져온다고 했다.

중세 스콜라 신학의 설명이 바른 것이지만 어딘지 한쪽으로 치우친 설명인 듯싶다. 일반적으로 사람들이 잔치에 가는 이유는 무엇일까? 단순히 음식을 먹으러 가는 것일까? 우리나라 사람들은 음식을 나누면서 정을 나눈다. 무언가를 나눌 때 따뜻한 사귐이 이루어진다. 그래서 우리나라 사람들은 백일·돌·이사·책거리를 할 때 떡이나 팥죽 같은 음식을 함께 나누어 먹는다.

사람들은 음식을 먹기 위해서만 잔칫집에 가지 않는다. 잔치에 가는 것은 바로 사람 때문이다. 사람들을 만나기 위해 잔치에 간다. 한동안 만나지 못한 부모·친지·친구들은 서로 음식을 나누며 오랜만에 소식을 주고받는다.

민족 고유의 명절인 설·추석 때 사람들은 귀성인파를 헤쳐가면서 온갖 선물 보따리를 안고 부모와 식구를 만나러 고향에 간다. 부모님은 음식을 만들어 함께 나누며, 헤어질 때 이것저것 챙겨 보낸다.

내가 신학생이었을 때 본당에 신학생들이 십여 년간 없었던 적이 있다. 그러다 주교님이 된 동창과 함께 신학생이 되자 3년 사이에 6명으로 늘어나더니 지금까지 25년 넘게 신학생이 계속 이어지고 있다. 대전교구 구합덕 본당에서 백 명이 넘는 사제가 배출되었고, 수도자는 수없이 많다. 신학생이 많아지는 데는 본당에서 신학생을 위한 방이 마련되어 함께 공동생활을 한 것이 주된 이유라고 생각한다.

잘 알고 있는 수도회에 비슷한 세대의 젊은이가 9명이나 입회했는데 그들의 성소 동기가 재미있다. 그들은 H본당 출신 수도자로, 어려서부터 한 동네에서 아래윗집 또는 윗동네 아랫동네에서 함께 어울려 살았다. 그런데 바로 아랫집에 늦둥이가 태어나 그 집뿐 아니라 온 동네가 아이로 인해 활기를 찾았다.

하루는 언니들이 부뚜막에 있는 기름으로 적을 부쳐 먹었다. 적이 잘 부쳐지지 않아 이상하게 여겼지만 처음이라 그러려니 하고 부쳐서 아기와 함께 나누어 먹었다. 그런데 문제는 다음 날 일어났다. 파리들이 날아다니자 어머니가 부뚜막에 있던 기름병을 부엌 구석구석에 뿌리는 것이 아닌가? 어제 부쳐 먹은 기름은 파리약이었다. 그래서 곧바로 아기한테 무슨 일이 생겼나 걱정이 되어 가 보았는데, 다행히 아무 일 없이 무탈하게 잘 놀고 있었단다. 지금은 그날 있었던 이야기를 재밌게 나누면서 수도 생활을 잘하고 있다. 파리약을 먹은 늦둥이도 같은 수도회에서 행복하게 살고 있다.

음식을 나누면서 정이 든다는 말처럼 우리의 전통 혼례는 서양 사람들의 혼인 잔치와 달리 며칠 동안 계속된다. 이 기간에 신랑과 신부 식구들이 서로 만나 사귐의 시간을 갖는다. 이같이 우리나라에서 성소자가 늘어나고, 식구와 친지들이 화목해지는 데는 함께 먹고 자고 어울리는 잔치 문화 같은 생활방식이 큰 역할을 하기 때문이다.

성인들의 통공

해마다 맞는 위령성월은 돌아가신 분을 기억하며 기도하는 달이다. 왜 돌아가신 분들을 위해 특별히 기도하며 미사를 봉헌할까? 죽음은 삶의 아멘, 곧 삶의 확실함이다. 마지막이 아니라 참 생명으로 들어가는 열린 문이다. 죽음은 더 이상 모든 관계의 단절도, 그렇다고 그리스도와 만남도 아니다. 바로 식구들과의 만남이다. 곧 그리스도와 그분 식구들에 속한 믿는 이들의 만남이다.

시에나의 성 가타리나는 그리스도인은 죽어야 산다고 말했다. 죽음은 엄청난 재앙이 아니라 두려움이 솟아오르게 한다. 죽음은 선택한 모든 삶에 심판으로 다가온다. 모든 것이 사라지는 일장춘몽이지만 오직 하느님 홀로 모든 것 안에 머무신다.[27] 우리는 주일미사 때 '육신의 부활과 영원한 생명을 믿나이다.' 하고 고백한다. 우리는 진정 우리가 고백하는 신앙을 믿는가? 이 기도는 부활 신앙에 기초한 확실한 진리의 기도다.

---

27. Valter Maria Arrigoni, *Essere preghiera* (Foggia, 2007), 179.

루카복음(20,27-38)은 사두가이 몇 사람이 예수님께 찾아와 일곱 형제가 같은 아내를 맞아들였으니 부활 때 그 여자는 그들 가운데 누구의 아내가 되겠느냐고 물음을 던진다. 예수님은 부활에 참여할 자격이 있다고 판단받는 이들은 더 이상 장가드는 일도 시집가는 일도 없으며 천사들과 같아져 더 이상 죽는 일도 없다고 말씀하신다. 예수님의 분명한 가르침은 부활이란 영원성이며 모든 시간과 공간을 뛰어넘어 새로운 차원으로 나가는 모두와의 만남이 이뤄진다는 말씀이다.

11월이 되면 성직자 묘지에서 신학생들과 함께 미사를 봉헌한다. 그곳에는 한국에 선교사로 와서 살다 주님 품으로 가신 프랑스 외방선교회 사제들과 대전교구에서 사목하다 하느님 품에 안긴 충청도 출신 사제가 많다.

한국에 도착해 풍토병으로 돌아가신 젊은 선교사, 프랑스에서 한국에 도착해 명을 다해 사제 생활을 하다 묻히신 분, 한국전쟁 때 북으로 끌려가 순교한 사제 강만수, 그리고 1982년 11월 2일 사제품을 받은 지 8개월 만에 불의의 교통사고로 생을 마감한 젊은 사제가 잠들어 있다.

모든 분의 삶을 들여다보면 가슴 아픈 사연이 많다. 그러나 그분들의 죽음은 무의미한 것이 아니다. 그분들은 하느님 안에서 우리를 위해 기도하실 것이다. 그분들의 죽음은 친구와 이웃에게 주님 뜻 안에서 결정하고 움직이게 하는 힘을 준다.

신학교를 나가기로 마음먹은 한 신학생이 친구가 사제품을 받은 지 8개월 만에 주님 품에 안기자 사제가 되기 위해 다시 신학교에 들어갔다. 친구 사제의 죽음과 관련해 자신이 사제가 되는 것을 주님 뜻으로 받아들인 것이다. 이것이 바로 삶의 공로가 통한다는 통공이다.

대전 성요셉 신학교에서 위령미사 주례를 단골로 하는 신부님이 프랑스에서 신학교 다닐 때 이야기다. 한 교수 신부님은 예수님을 팔아넘긴 유다스를 위해 날마다 기도하는데 이는 자신도 예수님을 배반한 적이 한두 번이 아니며, 그런 점에서 유다스나 자신은 구원받아야 할 사람이기에 성인들의 통공으로 늘 기도한다고 말했단다.

성인들은 서로 그 공로가 통한다(通功, communio sanctorum)는 뜻이며 이는 천국의 성인들이나 연옥에서 정화하는 이 그리고 지상에 있는 우리가 행하는 기도와 공로가 서로에게 영향을 미치기 때문이다. 핵심은 천국민·연옥민·세상 사람이 모두 만남의 풍요로움으로 하느님의 백성이 되는 것이다. 그래서 위령성월에 묘지를 방문해 기도하면 전대사를 받아 불쌍한 연옥영혼에게 온라인으로 무통장 입금하는 통공이라는 좋은 방법을 선용하는 것이다. 우리가 생각하기에 이 세 곳이 다르게 보일지라도 하느님께서 보시기에 이 세 곳은 하나의 공동체다.

무명無名의 순교자 앞에 _이해인

오래전에
흙 속에 묻힌
당신의 눈물은
이제 내게 와서
살아 있는 꽃이 됩니다.

당신이 바라보던
강산과 하늘을
나도 바라보며 서 있는 땅
당신이 믿고 바라고
사랑하던 임을
나도 믿고 바라고 사랑하며
민들레가 되고 싶은 이 땅에서
나도 당신처럼 남몰래
죽어가는 법을
배워야 하겠습니다.

박해의 칼 아래
피 흘리며 부서진
당신들의 큰 사랑과 고통이

내 안에 서서히 가시로 박혀
나의 삶은 아플 때가 많습니다.
당신을 닮지 못한 부끄러움에
끝없는 몸살을 앓습니다.

당신을 통해
주님을 더욱 알았고
영원의 한 끝을 만졌으나
아직도 자주 흔들리는 나를
조용히 붙들어 주십시오.

얼굴도 이름도 모르는
거룩한 순교자여 !
오래전에
흙 속에 묻힌
당신의 침묵은
이제 내게 와서
살아 있는 말이 됩니다.

진심을 발견하라

영혼을 바라보는 거울, 기도

　너희는 주 너희 하느님께서 너희와 맺으신 계약을 잊지 않도록 조심하고, 주 너희 하느님께서 너희에게 금하신 그 어떤 형상으로도 우상을 만들지 않도록 조심하여라.(신명 4,23)

　구약성경은 왜 하느님 형상을 표현하고 그리는 것을 금지했는가? 하지만 신약성경에서 예수님은 "나를 본 사람은 곧 아버지를 뵌 것"(요한 14,9)이라고 말씀하셨다. 구약에서 볼 수 없었지만 신약에서는 그리스도를 통해 하느님을 볼 수 있었다. 한 발 더 나아가 교회 역사에서는 이콘을 통해 하느님뿐 아니라 그리스도를 볼 수 있었다. 하느님을 보는 것은 구원의 신비인데 그 신비가 시대를 거슬러 변화한 것이다.
　하느님을 볼 수 없다는 것은 우리 시력을 거슬러 초월해 계신 분이라는 뜻인데, 그분을 본다는 것은 바로 '하느님과의 합일', 곧 구원으로 들어갔다는 뜻이다. 그러므로 우리는 하느님을 보는 일, 곧 기도에 익숙한 생활을 해야 한다. 이콘을 통해 하느님을 보는 기도, 곧 '하는 기도'를 시작하면 관조觀照와 관상觀想에 이르는 '되는 기도'는 성령께서 완성해 주신다.
　이스라엘 성지를 순례하다 동방교회 성당에 가면 이콘 성화를 자주 만난다. 수도자들은 일과 가운데 기도하듯 이콘을 그리는데, 이는 주님과 만나는 관상을 체험하는 시간이다. 역사 속에서 이콘을 살펴보면, 787년 제7차 니케아공의회는 이콘 성화상에 대해 엄격한 토론을 벌였다. 문제는 이콘 성화 속 그리스도와 하느님의 어머니, 성인들의 이미지를 공경하는 것이 가능한가 하는 것이었다. 교부들의 대답은 분명했다. 돌과 나무 또는 색깔을 공경하는 것은 우상일 수 있다는 것이다.

그러나 그리스도인들은 이런 것들을 공경하는 것이 아니다. 이콘 성화상은 이러한 이미지를 뛰어넘는다. 이콘 성화상이 표현하는 그리스도 인격은 내면에서 우러나오는 신성을 공경하는 것이다. 다시 말해 그리스도상 안에 있는 하느님을 공경하는 것이다.

"나를 본 사람은 곧 아버지를 뵌 것이다."(요한 14,9) 그리스도께서 당신 안에서 스스로 아버지를 보도록 요청하듯, 우리도 내면이 맑고 아름다우며 투명하게 될 때 모든 것을 통해 하느님을 직관할 수 있다. 모든 성인도 그 같은 삶을 살아갔다. "내가 아버지 안에 있고 아버지께서 내 안에 계시다."(요한 14,11)

이콘 성화는 창문에 비교할 수 있다. 유리창이 깨끗하고 투명할 때 창 너머로 아름다운 세상 경치를 투명하게 볼 수 있다. 유리창이 깨끗하지 못하면, 우리 눈에 아름다운 세상 경치는 잘 보이지 않고 더러운 창만 눈에 들어온다. 얼룩이 유리를 가로

막고 있기 때문이다. 유리와 마찬가지로 우리도 기도를 통해 청결해진다.

그러므로 기도는 자신을 바라보고 하느님을 바라보는 마음과 영혼의 이콘, 곧 거울과 같다. 행복하여라, 마음이 깨끗한 사람들! 그들은 하느님을 볼 것이다.(마태 5,8 참조)

"내 안에 머무르시는 아버지께서 당신의 일을 하시는 것이다."(요한 14,10) 땅과 하늘 사이의 맑고 투명한 창문이 바로 이콘 성화의 본질인 그리스도이시다. 구원의 거울이신 그리스도를 통해 우리는 여기에서 하느님이 계신 저곳을 바라볼 수 있고 언젠가는 그쪽으로 건너가는 희망의 기도를 드릴 수 있다.

하느님께서 그리스도 안에 계시다는 것은 바로 하느님께서 투명한 유리창이신 그리스도를 통해 세상에 당신을 계시하신다는 뜻이다. 생명의 원천이신 아버지는 당신의 일과 업적을 인간의 심상, 곧 투명한 유리창이신 그리스도를 통해 이루신다.

우리는 성경을 통해서도 똑같은 관상의 신비를 체험할 수 있다. 성경의 참 저자는 모세·예레미야·마태오·바오로… 안에서 움직이는 성령이시다. 영은 살아 있는 펜으로 저자들을 통해 기록하고 봉사한다. 더 나아가 말씀과 이콘은 성령을 통해 지금도 우리 안에서 움직이신다. 마치 하느님께서 늘 우리와 함께 머물러 계시기를 바라는 것처럼, 우리가 이루고 실천하는 모든 것은 그분과 우리 사이에 나타나는 협력synergy과 일치의 업적이다.

신앙 여정은 바로 하느님과 우리 사이에 계신 그리스도, 맑은 이콘이요 투명한 유리창이신 살아 계신 그리스도를 통해서만 가능하다. 그러므로 성경 말씀이 참 저자이신 성령과 함께 자기 안에서 움직일 때 살아 있는 말씀이 된다. 그렇지 않으면 말씀은 다만 인간의 말로 쓰인 문자로 남을 뿐이다.

응급실에 누워 있는 사회

한국 사회는 지금 어느 때보다 마음 상처의 봇물이 터져 있어 그에 대한 대책으로 치료therapy와 치유healing의 시대를 보내고 있다. 그동안 한국 교회는 신흥종교 · 신흥영성 등을 단순히 참여하지 말아야 할 사이비 종교 또는 유사 영성으로 일축해 버린 면이 있다. 하지만 신흥영성과 뉴에이지로 일축했던 마음수련 · 뇌호흡 · 초월명상 등이 아직 문제점을 안고 있음에도 다양한 전문 프로그램으로 거듭나 점점 심화되고 조직화되어 사람들의 상처를 치유하는 기술과 치료로 확대되는 현실이다.

불교와 원불교에서도 신앙과 일반 심리, 치료 분야를 접목하여 많은 전문가를 배출하고 있다. 불교의 전인적 치유, 치료 프로그램인 동사섭과 원불교의 마음공부가 대표적 모범 사례다. 또한 심리상담학계에서도 정신분석 · 심리분석 · 초월심리 · 꿈 분석까지 하면서 인간의 치유를 위해 애쓰고 있다.

나는 「복을 부르는 마음」에서 한국 사회는 '마음을 다쳐 응급실에 누워 있다.'고 진단한 바 있다. 사실 많은 사람이 식구와 친구, 이웃 등 사랑하는 사람들과 상처를 주고받는다. 그런데도 상처를 어떻게 치유할지 배우지 못했으며 해결책도 잘 알지 못하는 듯하다.

현대인들은 마음 상처를 치유할 방법을 찾고 마음의 면역력을 기르는 수련이 필요하다. 수련은 무엇인가? 불교와 원불교, 심리상담 분야에서 도움을 받을 수 있다. 그리고 그리스도교 전통에 기초한 인성·신앙·영성의 통합적 수련이 있다. 다른 말로 마음을 일구는 말씀을 통한 피정과 기도 수련은 하느님이 주신 본심本心을 만나고 일구는 길이다. 이를 위해 마음의 상처를 씻어내는 작업이 필요하다.

하느님은 우리 인간을 완벽하게 만드셨을 뿐 아니라 어지간한 아픔과 상처, 고통을 스스로 이겨낼 면역력을 주셨다. 바로 마음속에 있는 힘이다. 우리는 자신의 참마음을 말씀과 기도로 발견해야 한다.

현대인의 마음 치료의 필요성은 중부매일의 송창희 편집장이 정리한 내 논문에서 찾아볼 수 있다.

우리는 지금 종교성을 뒤로 감춘 채 영성·건강·웰빙을 앞세운 '치유의 춘추전국시대'에 있다. 앞으로 우리가 나아갈 올바른 치유사목은 무엇인가? 2010년 6월 한국그리스도사상연구소가 주최한 제31회 학술회의가 '그리스도 신앙과 현대의 치료'란 주제로 서울 정동 프란치스코 교육회관에서 열렸다. 이날 '그리스도교 영성과 치유사목'이라는 주제 발표를 한 곽승룡 신부(대전 가톨릭대학교 교수)는 현재 범람하는 치유사목에 대한 문제점과 대안을 제시했다.

먼저 곽 신부는 '세속화라는 거대한 현대사상적 물결이 가톨릭교회 안에서도 영향을 미치면서 신앙인들에게 그리스도교와는 근본적으로 다른 본질을 기초로 해 종교적 범위를 뛰어넘은 영성의 세계를 구축하도록 이끌고 있다.'고 진단했다. 이러한 세속화는 신앙의 개인화·탈신성화·인간의 우상화를 표방하는 뉴에이지New Age 운동을 포함한 신영성 운동New Spiritual Movement을 통해 더욱 조직화되고 전문화된 형태로 변화하고 있다고 지적했다.

이어 이러한 세속화와 신영성 운동이 전통적 그리스도교 영성에 침투해 왜곡된 영성을 신자들한테 주입시키고 있으며, 종교성을 뒤로하고 변질된 영적 성장과 치유 프로그램을 제공하고 있다고 밝혔다.

곽 신부는 현재의 이러한 상황을 '치유의 춘추전국시대'로 규정하면서 현대에는 더욱 본질적인 그리스도교 신앙과 영성에 충실한 치유 프로그램이 필요하며, 한 단계 더 나아가 이러한 영성치유 프로그램이 객관적이고 과학적인 심리학과 정신의학 그리고 일반 심리치료 이론과의 만남을 통해 올바른 그리스도교 치유사목으로 거듭나야 할 때라고 강조했다.

곽 신부는 그리스도교 영성과 치유사목을 활성화하기 위한 네 가지를 제언했다. 첫째, 고해성사 은총의 재발견이다. 그저 단순히 죄만 고백하는 즉결심판대 기능이 아닌, 먼저 손을 내밀고 용서와 자비와 사랑의 체험현장으로 과감한 리모델링. 둘째, 치유 이전의 예방과 치유 이후의 회복 프로그램의 전문화. 셋째, 2008년 창립된 한국가톨릭 상담심리학회를 중심으로 상담의 전문화·보편화·영성화·복음화를 향한 인프라 구축. 넷째, 수도회, 교구·본당 간의 연대를 통해 지속적이고 검증되며 보편타당한 심리학적 방법론을 구축하는 것이다.

끝으로 곽 신부는 이처럼 본질적이며 대안적인 그리스도교 치유사목 방법으로 '그리스도교 마음의 영성'을 제시하면서 그리스도교의 전통 영성과 현대 심리치료 이론과의 대화와 통합을 위해 한국가톨릭 상담심리학회가 선지자적 역할을 해야 한다고 당부했다.[28]

예수님 마음 발견하기

복음에 나오는 예수님의 삶을 만나면 그분 마음을 발견할 수 있다. 먼저 세례자 요한과 예수님의 설교 말씀은 서로 다른 점이 있다. 세례자 요한의 설교와 삶은 먼저 회개하고 자신의 죄

---

28. 중부매일, 2009년 6월 17일자.

를 인식한 다음 정화를 위한 보속 세례를 받을 때 용서가 이루어진다고 선포한다. 하지만 예수께서는 은혜와 자비와 구원을 드러내는 용서를 먼저 선물하시고, 그 결과 은혜로운 보살핌과 용서와 자비를 통해 스스로 회개하는 삶으로 초대하신다. 한없는 은혜를 받은 죄인, 병자, 세리, 간음하다 잡힌 여인은 이제 어두웠던 과거와 죄를 뉘우치면서 다시는 그 같은 죄에 넘어지지 않고 회개의 삶을 살아가리라 결심한다.(루카 19,1-10; 마태 11,20-24 참조)

세례자 요한이 행한 회개의 설교 동기가 심판에 대한 두려움을 가지고 있는 율법 환경에서 아직 벗어나지 못한 것이라면, 예수님의 회개 설교는 끝없는 하느님의 선의에 기초한 신뢰와 자비를 바탕으로 선포된 기쁜 소식이었다. 이렇게 예수님의 회개는 하느님 나라와 밀접히 관련되어 있다.

복음의 하느님 나라는 하느님의 지배와 하늘나라를 선포하는 예수님의 권위로 표현되는데, 그 권위는 다름 아닌 율법에 대한 새로운 해석, 죄의 용서, 병자들의 병 고침에서 드러난다. 바리사이들이 율법의 외적 이행과 불이행을 기준으로 삼았다면 예수님은 율법의 근본 정신을 이행했는지를 기준으로 삼는다.

맑은 물 한 잔에 한 방울의 잉크를 떨어뜨렸다. 물이 혼탁해져 본래의 맑은 물로 정화하려면 어떤 방법이 있을까? 방법은 두 가지다. 하나는 맑은 물을 혼탁하게 한 검은 잉크 입자 하나하나를 끄집어내거나 삼투압 여과지로 제거하는 방법이다. 다른 하나는 혼탁하게 된 물에 계속 맑은 물을 붓는 방법이다. 첫 번째 방법은 세례자 요한의 설교와 삶에 가깝고, 두 번째 방법은 예수님께 가깝다.

현실적으로 전자의 방법을 구사하려면 세례자 요한과 같이 전문적 자기정화와 수행이 전제되어야 한다. 다시 말해 요즘의 정신분석가·신경정신과 전문의·상담심리전문가·꿈분석전문가 등이 이 같은 방법을 구사하는 사람들이라 할 수 있다. 반면 후자는 모든 종교인에게 해당되는 방법이며, 특별히 종교에서 훌륭한 삶을 살다 돌아가신 성인聖人들은 후자의 방법에 해당하는 삶을 실행한 분들이라 할 수 있다.

신학교에서 신학생들을 양성하는 방법에도 양성자들 사이에 첫째와 둘째 방법이 서로 공존함을 알 수 있다. 어떤 양성자는 학생들이 실수하고 잘못할 때마다 지적하고 개선할 것을 제시하지만, 어떤 이는 스스로 알아가도록 시간을 두고 기다린 다음 만나서 이야기한다. 분명한 것은 이들이 서로 경쟁해서는 안 된다는 것이다. 서로 공존하면서 학생들을 위해 같은 목표를 향해 함께 걸어가야 한다. 세례자 요한이 자기 제자들을 예수님께 보낸 것도 이런 이치를 깨달았기 때문이 아닐까?

마음의 면역력

2009년 6월 25일, 팝의 황제 마이클 잭슨이 세상을 떠났다.

사인은 심장마비로 인한 돌연사였다. 심장돌연사heart attack는 우리나라 사람보다 미국 사람들한테 자주 발생한다. 병도 사람들의 생활방식에 따라 나타나는데, 미국 사람들은 심한 스트레스를 받으면 마음에 담아두지 않고 어떤 방식으로든 사람들에게 푼다. 다시 말해 정도의 차이는 있지만 대부분 스트레스를 다른 사람에게 푼다. 가끔 총기사건이 발생하는 것도 극도의 스트레스가 폭발한 것인데, 극단적이고 과도한 스트레스가 무고한 사람들에게 총격을 가한 것이다.

우리나라 사람들은 외부에서 심한 스트레스를 받으면 그것을 표현하거나 드러내지 않고 대부분 침 한번 꿀꺽 삼키고 참는다. 다시 말해 스트레스를 받아 마음속에 담아둔 것이 풀리지 않으면 자신을 공격하여 마음을 멍들게 하는 화병火病이 생긴다. 화병은 우리나라 사람한테만 나타나며, 이 병은 중풍中風의 원인이 되어 몸과 마음을 마비시킨다.

스트레스가 쌓이면 미국 사람은 돌연사로, 우리나라 사람은 중풍으로 나타난다. 그러니 돌연사의 뿌리는 극단적인 타인 공격적 스트레스이고, 중풍은 지나치게 참는 자기파괴적 스트레스라고 할 수 있다.

그렇다면 여기서 살아남는 방법은 무엇일까? 다른 사람을 공격하는 자기파괴적 방법으로 스트레스를 풀지 않는 것이다. 돌연사로 가기 전에 곧바로 돌아오고, 중풍으로 가기 전에 돌아와야 한다. 면역력을 기르고 의학적으로 스트레스를 줄이기 위해서는 걷는 것이 안성맞춤이다.

특히 내리막보다 오르막을 걷는 것이 매우 효과적이며 운동을 통해 자율신경을 조절하면 면역력이 높아진다고 한다. 그런데 몸만 아니라 마음의 면역력도 길러야 힘이 생긴다. 마음은 우리 몸에서 조절능력이라는 센서와 같은 기능을 한다. 마음의 면역력을 기르기 위해 우리는 내 마음 읽기, 내 마음 느끼기, 내 마음 맑게 하기 등 마음을 키우는 데 힘을 모아야 할 것이다.

마음 기르기

맹자는 '마음을 기르는 데는 욕심을 적게 하는 것보다 더 좋은 것이 없다. 그 사람됨이 욕심이 적으면 비록 마음이 짓눌려 없어진다 해도 적은 데 그칠 것이며, 그 사람됨이 욕심이 많으면 마음을 그대로 보존하더라도 적은 데 그칠 것'이라고 했다.[29] 그리스도교적으로 말하면 하느님의 안배나 섭리에 따라 살아가야지 욕심을 부리면 마음을 다스리지 못한다는 말이 아니겠는가?

맹자의 양심설養心說에 대해 주렴계는 한 걸음 더 나가 마음을 기르는 것은 욕심을 적게 하는 데 그치지 말고, 욕심을 완전히 없게 해야 한다고 했다. 아무튼 마음과 욕심은 함께 가는 것이

---

29. '진심 장구 하 35', 「맹자」(서울: 홍신문화사, 1998), 529.

아니라 멀리 가야 한다는 뜻이 아니겠는가. 욕심을 적게 하고 욕심 없는 마음으로 살아가는 길은 하느님 뜻과 온전히 하나 되어 그 뜻 안에서 살아가는 길이라고 생각한다.

예수께서도 제자들을 뽑을 때 "당신께서 원하시는 이들을 가까이 부르시니 그들이 그분께 나아왔다."(마르 3,13)라고 기록한다. 예수께서 원하시는 이들은 바로 하느님 뜻에 가까이 살고자 하는 사람, 욕심을 적게 하거나 욕심 없는 마음으로 사는 사람일 것이다.

성 에프렘은 사랑은 마음속에서 타오르는 불꽃이며, 불꽃 사랑이 사람을 모든 적한테서 방어하고 구할 수 있다고 말한다. 모든 영성가가 이구동성으로 말하는 것도 악을 이겨내고 선한 것들과 관련을 맺는 덕은 욕심 없는 마음과 깊은 관련을 맺는 사랑caritas이라는 것이다.[30] 완전 무장하고 힘을 길러 자기 집을 지키는 일은 적이 공격하지 못하도록 방어하는 것과 같다. 특히 마음을 방어하는 것은 덕을 살아가는 것과 같다.

잔칫날 야외에서 음식을 만들 때 파리가 모여드는 것은 음식 냄새 때문이다. 그런데 파리가 음식 위에 앉거나 날아다니는 것은 음식이 식었을 때다. 음식을 볶거나 끓일 때는 음식 위에 앉거나 날아다닐 수 없다. 뜨거운 열이 음식을 달구기 때문이다. 이러한 현상은 마음에서도 똑같이 일어난다. 불꽃 사랑이

---

30. T. Spidlik, *Il vangelo di ogni giorno II*, 56.

마음에서 활활 타오르는 동안 어떤 악이나 나쁜 생각도 접근할 수 없다는 것을 알아야 한다.

최근 이라크 전쟁에서 유명해진 페르시아만 해안 도시 바스라에서 1200년 전에 살았던 이슬람 성녀 라비아의 기도가 떠오른다. "오, 주님. 제가 주님을 섬기는 것이 지옥의 두려움 때문이라면 저를 지옥에서 불살라 주옵시고, 낙원의 소망 때문이라면 저를 낙원에서 쫓아내 주옵소서. 그러나 그것이 주님만을 위 한 것이라면 주님의 영원한 아름다움을 제게서 거두지 마옵소서."[31]

침묵은 마음의 휴식

침묵의 고요를 느껴라

완전한 침묵 속에서만 들을 수 있고, 언어가 사라져 갈 때 온전히 볼 수 있다. In silence only, one starts to hear; when language resigns, one starts to see.(영화 '위대한 침묵'에서)

현대인들에게 필요한 것이 있다면 고요함이다. 특히 복잡한

---

31. 오강남, 동아일보, 2003년 6월 21일자.

일상에서는 고요함이 필요한 법인데, 고요함은 오랜 시간을 달려온 자동차가 과열된 엔진을 식히기 위해 휴식이 필요한 것과 같은 이치다. 많은 시간을 걸어 성지나 국토 순례를 할 때도 절대적으로 휴식이 필요하다. 내일 일정을 준비해야 하기 때문이다.

몸 속의 신경체계 또한 극도의 긴장과 많은 생각에서 자유로워지길 바란다. 세상에서 움직이는 모든 것은 휴식을 통해 재생의 힘을 지닌다. 그러나 나도 깜박깜박 잊듯이 사람들은 제대로 휴식할 줄 모르는 것 같다. 잠시 고요한 곳에 몸을 맡기면 삶이 나아지는 걸 체험하면서도 많은 걱정과 과중한 일에서 벗어나지 못한다.

두 사람이 함께 여행을 떠났다. 한 사람은 바쁘게 여기저기를 사진기에 담았고, 다른 한 사람은 말없이 홀로 고요한 곳에 머물러 있었다. 한 사람은 분주한 나머지 생각할 겨를이 없었고, 다른 한 사람은 생각이 많았던 모양이다. 물론 사람들의 유형은 다양하기에 각각의 고유한 모습을 인정해야 한다. 그런데 두 사람이 여행하는 동안 정작 대화가 없었다.

우리는 고요한 가운데 자연과 상대방의 소리를 듣는다. 대화는 언어의 내뱉음이라기보다 경청이고 삶의 나눔이다. 경청과 나눔은 고요 속에서 이루어지는 소통이며 기도 자세라 할 수 있다.

주 5일 근무제 시행으로 휴식과 여가에 대한 문화가 자리 잡

고 있다. 5일제가 정착되어 가는 과정을 보면, 초반에는 사람들이 여러 곳을 보고 다니면서 삶이 분주해졌다. 그러나 시간이 지나면서 자신과 세상을 재발견하며 진정한 휴식을 찾게 되었다.

자신을 발견하기 위해서는 고독과 침묵 가운데 이웃과 자연, 하느님과 내적 대화를 나누는 시간을 가져야 한다. 고요한 침묵과 휴식은 기도와 매우 가까이 있는 상태를 만들기 때문이다.

고독은 외로움과 다르다. 외로움은 사람들과의 관계가 멀어질 때 나타난다. 그러나 고독은 외적으로 외로움과 비슷하지만 내적 모습은 전혀 다르게 발생한다. 사람들과 함께 있어 외로움을 덜 타도 내적으로 하느님과 이웃을 사랑하지 않는다면, 나는 혼자 있지 않지만 외로움과 같은 고독을 느낄 수 있다. 외적으로 비슷한 고독과 외로움은 가만히 안을 들여다보면 똑같지 않다. 그런데도 사람들은 고독을 외로움으로 착각한다.

외로움은 일방적 사랑을 추구하고 모든 걸 자기 식대로 집착하고 행동하지만, 고독은 하느님과 이웃 사랑을 받아들이는 빈 공간을 체험하게 한다. 외로움은 존재의 떠남으로 다른 존재를 추구하면서 생기지만, 고독은 존재를 떠나 절대자를 추구하면서 또 다른 존재를 만나게 한다. 외로움이 사람을 끊임없이 다른 존재를 원하는 애정 수집가로 만든다면, 고독은 영적으로 새로 태어나 함께 걸어가는 사랑의 전달자가 되도록 이끈다.

수도자 monk의 어원은 '혼자' 또는 '홀로'라는 뜻의 그리스어로 모나코스 monachos에서 온 은둔자·수행자라는 뜻을 담고 있다. 그래서 동방교회의 수도원 현관문 위를 보면 고독한 사람은 행복하고 축복이 있으리라는 기원의 글귀를 볼 수 있다.

나에게 이 말은 고독과 행복, 축복의 삼각관계에서 나오는 보물이다. 먼저 고독이라는 보물을 보면, 인간은 사회적 동물이기에 사람들과의 만남을 통해 성숙해 간다. 그런데 수도자들은 왜 고독을 살고 추구하는 것일까?

고독과 외로움은 다르지만 대답은 간단하다. 나 아닌 다른 존재를 좀 더 가까이 느끼기 위함이다. 수도자들은 집과 식구, 가까운 사람들을 떠나 하느님을 찾는 사람들과 이웃, 새로운 사람들을 만나 관계를 이룬다.

사람은 군중의 소음과 혼란 속에서는 깊은 대화를 나눌 수 없다. 마치 사랑하는 사람들이 소란한 곳을 피하는 것과 같다. 이처럼 새로운 공동체를 이룬 수도자들은 고요 속에서 서로 힘을 모아 하느님과 이웃을 사랑한다. 진정 하느님을 사랑하는 사람은 비슷한 경험을 하는데, 분명한 사실은 하느님과 헤어지지 않는 사람은 결코 혼자 남아 있지 않는다는 것이다. 집을 떠난 수도자들이 하느님 때문에 새롭게 만난 사람들과 내적 식구를 형성하는 것처럼, 그들은 외롭지 않으며 오히려 그들과 고요히 고독한 삶을 나누고 즐기며 산다. 이런 삶이 마음으로 드리는 기도를 준비하게 한다.

풍요로운 침묵, 관계의 달인

고요와 침묵은 함부로 말하는 것과 거리가 멀다. 그런데 사람들은 종종 분을 참지 못하고 악의에 차서 내뱉는다. 특히 요즘엔 나쁜 생각 때문인지 평화롭게 말하는 것을 보기 어렵다.

악의를 품거나 나쁜 뜻을 가진 사람들의 행동을 보면, 그들이 말하고 움직이는 모습에서 고요함과 침묵을 찾아보기 힘들다. 그들의 행동은 공격적이거나 묵비권을 행사하기도 하는데 이는 마치 악한의 행동과 비슷하게 나타난다. 악은 공격하게 하거나 무언의 행위를 유도한다.

화해를 해야 할 처지에서도 악의가 덜 풀렸을 때는 마음에서 우러나오는 말도 없이 한 손을 들어 형식적으로 '미안'하다고 말한다. 성경에서도 마귀 들려 말을 잃어버린 벙어리 모습을 전한다.

> 예수님께서 벙어리 마귀를 쫓아내셨는데, 마귀가 나가자 말을 못하는 이가 말을 하게 되었다. 그러자 군중이 놀라워하였다.(루카 11,14)

내가 말하고 싶은 것을 어떤 이유로든 회피하고 침묵하면 나 자신도 벙어리 마귀가 된다. 상대방에게 자신이 어떤 말을 해도 먹히지 않는다고 생각해 말없이 마음에 미움과 증오를 품어도 벙어리 마귀가 된다. 넓은 의미에서 벙어리 마귀는 사람들과의 관계를 모두 중단시킨다.

그런데 청각장애인들이 말을 하지 못하는 것은 상대방의 말이 들리지 않기 때문이다. 외국어를 배울 때도 듣지 못하면 아무리 중얼거려도 상대방은 알아들을 수 없어 결국 소통할 수 없는 벙어리가 된다. 목소리를 듣고 전할 수 없어 대화를 할 수 없다.

말을 잃게 하는 벙어리 마귀의 묵언과 그리스도교 수도자에게 나타나는 침묵, 이 두 가지는 겉으로 비슷해 보이지만 근본적으로 다르다. 벙어리 마귀의 묵언은 관계의 단절이요, 수도자의 침묵은 관계의 회복으로 고요 속의 만남, 곧 마음을 담은 사랑의 대화, 하느님과 이웃과의 대화로 나타난다.

대침묵 피정(避靜: 일상생활에서 벗어나 고요한 곳에 머물러 기도하며 자신을 살피는 가톨릭 프로그램)을 할 때는 말을 하지 않는다. 나도 이십여 년 전 이냐시오 영신수련 피정을 침묵 중에 한 달 동안 했다. 사제와 수도자들은 대개 피정 때 대침묵을 한다. 신학교와 수도원에서도 끝기도 이후 말을 하지 않는 대침묵 시간을 보내고, 그 밖의 시간에는 필요한 말만 하며 소침묵한다.

이같이 악의에서 시작하는 묵언과 영적 침묵은 겉으로 닮은 꼴로 보이지만, 그 목적과 방향은 근본적으로 다르다. 전자는 관계의 폭탄이지만 후자는 관계의 달인이다.

마음기도 165

내 경험으로 볼 때, 침묵 피정 가운데 본의 아니게 서로 소통해야 할 때가 간혹 생긴다. 사람들은 그때마다 쪽지에 의견을 적어 주고받는데, 마치 벙어리 체험을 하는 것과 같다. 본디 사막의 수도자에게 침묵은 무조건 말하지 않는 것이 아니라 내가 말을 건네지는 않지만 상대방이 건넨 말에 언제나 자유로이 귀를 기울이고 응답하는 것이다. 인간은 누르면 톡하고 나오는 커피 자판기가 아니듯, 기계적 침묵은 진정 고요함과 거리가 있다. 고요함은 말씀을 듣고자 하는 목적을 가지고 있기에 침묵 속에서 말씀에 귀 기울이고 말씀과 만나는 것은 '말 없음'이 아니라 '말 들음'을 체험하도록 이끈다.

고요와 침묵은 쉼이다

두 사람이 산행을 갔다. 산을 다녀온 다음 한 사람은 기분이 좋아졌고, 한 사람은 몸과 마음이 무거워졌다. 왜 그럴까? 한 사람은 산에서 아름다운 경치를 즐겼고, 한 사람은 내일 치를 시험에 마음이 무거웠기 때문이다.

의사들은 분주한 현대인들에게 바닷가에 잠시 앉아 있기를 충고한다. 적어도 삼십 분 정도 앉아 바다를 바라보며 생각을 멈추고 고독과 휴식을 취할 것을 권고한다. 이것이 정신을 맑게 하는 방법이다.

세상의 바다에서 바쁘게 움직이는 사람들은 일상에서 고독과 휴식으로 초대하는 침묵 시간을 가져야 한다. 집과 조용한 찻집, 뒷동산은 휴식을 위한 생활공간으로 편안하다. 아니면 아예 마음먹고 먼 바닷가를 하루 정도 시간을 내어 찾아가 침묵이라는 소중한 보약을 먹고 올 것을 권한다.[32]

이집트 사람들은 한국 사람들이 순례할 때 다음과 같이 묻는다고 한다. "어디를 그렇게 빨리 가고 싶습니까?" 이집트 사람들은 세상을 마치고 저 세상에 가면 스핑크스가 다음과 같이 두 가지를 묻는단다. "행복했는가?" "얼마나 행복하게 해주었는가?" 이처럼 이집트 사람들의 행복론은 자신과 이웃의 행복을 함께 보도록 이끈다.

그리스 테살로니카 위쪽에 있는 세 개의 반도 가운데 오른쪽 끝자락에 자리한 아토스 성산에는 세계의 모든 수도원이 함께 모여 있다. 그곳은 말하지 않고 살아가는 수도원, 이른바 위대한 침묵의 나라로 불린다. 그곳에서 수도자들은 스스로 침묵하며 살지만, 방문객이 건네는 물음에는 성실하게 답한다.

사람들은 때로 침묵을 기계적으로 오해한 나머지 이웃과 이웃의 요구를 모른 체하거나, 누구하고도 말하지 않는 관계의 단절을 안고 있다. 그렇다면 자신 안에서 끊어진 관계를 이어주고 묵언을 풀며 사람들과 친교를 맺게 하는 것은 무엇일까? 그것은 오직 사랑 속에서 살아가는 기도다.

---

32. 곽승룡, 「복을 부르는 마음」, 122-123.

휴식이 필요해

가톨릭 신앙을 살아가는 사람이 오랫동안 성당에 가지 않으면서 미사 참례를 하는 것은 기쁨인 동시에 참기 어려운 고통일 수 있다. 몇 년 만에 고해성사를 하는 것도 빙하를 녹이는 시원함을 주는 동시에 피곤하게 하기도 한다. 하지만 힘들게 일어나 걸어가야만 마비된 몸과 마음이 해방되듯, 주님께서 손을 내밀 때 벌떡 일어나 움직이면 은혜로운 기적이 일어난다.

이스라엘 성지순례를 하면서 유다인들은 지금도 안식일에 두 가지를 실천하는 걸 알게 되었다. 하나는 휴식이요 다른 하나는 창조와 파괴의 중단이다. 초기 그리스도인들에게 주일은 유다인들의 안식일 규정과 같지 않았고 비교적 자유로웠다. 주님 안에서 시간을 보내는 휴일이지만, 모든 활동을 반드시 중단해야 하는 엄격한 것은 아니었다. 날마다 노동의 어려움을 존중하면서, 주님께 자신을 봉헌하는 기도 시간인 동시에 주님 안에서 영적으로 쉬는 날이다. 그러나 주일은 이름뿐이고, 주일을 지나치게 활용하는 좋지 않은 모습이 발생하곤 했다.

전통을 보존하는 정신과 삶에 적용하는 통합의 어려움이 모든 종교 전승에 있듯, 주님의 날이 지닌 영적 의미의 본질을 잃지 말아야 하는 것은 오늘날도 마찬가지다. 그러면 오늘날 주일의 의미는 무엇일까? 세계적으로 주일은 어느새 주말weekend이 되어버렸다. 주말 휴가 계획·오락·취미 활동이 주일을 맹

공격하고 있다.

　선진국에서는 주일에 교회 생활을 하지 않는 것을 당연하게 여기며 이를 진지하게 법률로 규정한 국가도 있다.

　성 아우구스티노가 말한 것처럼 우리 인간의 마음이 하느님 안에 있지 않다면 진정한 휴식을 할 수 없다. 주일과 대축일이 종교적 의미를 잃지 않고, 오히려 그것을 사람들로 하여금 혼동하지 않도록 할 방법은 없을까? 주님 안에서 쉬고 즐기고 노는 문화로 다시 태어날 수 있다면 얼마나 좋을까? 주일이 풍요로워진다면 더 기다려지는 날, 반가운 날이 되지 않을까?

　마음을 긍정하라, 멋져 보이는 이유

　나는 가끔 한인 천주교회의 요청으로 피정 강론을 간다. 미국 시애틀·캐나다 밴쿠버·호주 시드니·브라질 상파울로 등 길게는 열흘에서 짧게는 일주일 정도 머문다. 2010년 2월에는 한국과 정반대에 있는 브라질 상파울로 한인 천주교회에 피정을 도와주러 갔는데, 이번 방문으로 삶의 환경이 사람의 생활방식에 절대적 영향을 준다는 인상을 짙게 받았다.

　내가 느끼기에 브라질의 분위기는 풍요로운 자연환경과 신앙의 복음이 삶과 역사 속에 스며들어 자연스러움과 풍요로움, 편안함과 다양성의 선물로 피어난 것이 아닐까 하는 생각이 들었다. 그래서 그런지 브라질의 교우들은 얼굴뿐 아니라 마음과 표정이 꽃처럼 밝고 맑았다.

브라질에 다녀온 다음 우연히 인터넷 검색을 하다 브라질 한인 천주교 신자분이 운영하는 카페를 발견하고 무척 반가운 글을 읽게 되었다. 피정 강론에서 들은 내용을 삶에 비춰본 묵상 글을 보니 얼마나 반가운지 내가 한 강론을 몇 번이나 읽었다. 말씀 강론을 통해서도 묵상기도를 할 수 있다고 생각해 옮겨 본다.

지난 주 미사 때, 곽승룡 비오 신부님 소개가 있었다. 아주 자그마하고 엄해 보이는 분위기의 신부님은 사순절 특강을 위해 초빙되어 오셨다. 그런데 재정 사무실에서 잠깐 뵌 신부님은 언뜻 느낀 엄한 분위기와 달리 매우 편하고 즐거우며 유머가 넘쳤다.

상대방의 눈높이에 맞춘 카리스마는 사람들을 압도하는 힘이지만 리더십은 주변 사람을 끌어안는 품이다. 아담 사이즈 신부님의 외적 분위기와 달리, 참 크신 분이구나… 느껴졌다. 당신이 있으시기에 장동건이 멋져 보이는 거라고 당당하게 말씀하시는 신부님. 그렇죠, 제가 있기에 김태희가 이뻐 보이는 거지요…. ^^

강론 말씀 시간에 특강을 들었는데, 한 시간이 어찌나 빨리 지나가는지 아쉬울 만큼 순식간에 지나갔다.

신부님 특유의 자연스런 유머가 적절히 섞인 강론은 우리를 눈도 귀도 쫑긋 세우고 강연 속으로 빠져들게 했는데 주된 강의 내용은 신앙인의 자세와 목표였다. '말씀과 성체가 우리 안에서 활동하게 하는 것'이 신앙인의 목표이며 자세라는 것, 오늘 들은 말씀 가운데 내게 가장 깊이 와 닿은 부분은 바로 예수님이 베드로에게 '너는 나를 사랑하느냐?'고 세 번 물으시는 장면에 대한 내용이었다.

'너는 나를 사랑하느냐?'고 세 번 물으시는 대화 부분, 한글 번역엔 세 번 모두 그냥 '사랑'으로 표현되어 있지만, 원문 성경에는 그렇지 않다는 말씀.

첫 번째 물으신 '너는 나를 사랑하느냐?'는 '시몬 요안누 아가페스 메?' 곧 '너는 나를 아가페적으로 사랑하느냐?'라고 물으셨다고 한다. 아가페적 사랑, 우리가 이미 잘 알듯, 예수님이 우리를 사랑하셨듯, 그렇게 끊임없이 아무 바람 없이 사랑을 주고, 또 그를 위해 목숨까지 내어 주는 사랑, 그것을 우리는 아가페 사랑이라고 부른다. 그때 그 물음에 대한 베드로의 대답은 '필로 세'다. 첫 번째 물음에서 감히 아가페 사랑을 할 용기가 없음을 너무나 잘 아는 베드로는 '주님, 당신을 필로스적으로 사랑합니다.'라고 대답했고, 예수님은 혹시나 베드로가 당신 물음을 잘못 알아들었나 하고 두 번째 물으셨고 베드로는 그 물음의 뜻을 잘 알았으나, 역시 목숨까지 내어 줄 아가페 사랑에 자신이 없어 필로스 사랑으로 대답했다.

그때 예수님은 세 번째로 '시몬 요안누, 필레이스 메?'라고 고쳐서 물으셨다고 한다. 베드로의 마음을 읽으신 예수님, 그래서 그의 사랑에 맞춰 다시 물으셨고, 그에 베드로는 '주님께서 너무 잘 아십니다.' 하고 눈물로 대답한 것이다.

예수님은 당신이 사랑하는 것처럼 당신을 사랑하길 강요하시는 것이 아니라 그 사람이 사랑할 수 있는 방법으로 사랑할 수 있게, 그래서 그 사랑이 언젠가 승화되도록 기다려 주는 것이 사랑임을 보여주셨다고 말씀하셨다. 그 부분에서 울컥 눈물이 났다. 내 방식대로 사랑하는 것이 아니라… 상대방이 사랑할 수 있는 방법으로 사랑하게 두는 것, 그리고 기다려 주는 것, 그것이 진정한 사랑이라는 것이다. 결국 베드로는 감히 자신이 어찌 예수님과 똑같은 모습으로 십자가에서 죽을 수 있는가 하면서 아가페적 사랑으로 승화했다.

우리는 얼마나 내 식대로 나를 사랑해 달라고 강요하는가? 부모 자식 간에, 부부 간에 그리고 친구와 이웃, 공동체 안에서는 말할 것도 없다. 나는 늘 이해할 수 없었다. 왜 예수님은 그렇게 세 번이나 물으셨을까? 베드로가 당신을 정말로 그렇게 사랑하는지 확인하고 싶으신 것일까? 물론 그에 대한 많은 가르침이 있었지만 이번만큼 분명하게 이해되고 다가온 적은 없었다. 이어 성가대가 부른 'You raise me up'은 강론 말씀을 더욱 깊이 내 안에 심어주었.

오늘 예수님과 베드로의 대화는 내게 눈물이 함께하는 감동을 안겨주었고, 다시 한 번 '사랑'이 무엇인지 깨닫게 했다. 내가 사랑하는 방식으로 사랑하도록 이끄는 사랑, 그 사랑이 승화되도록 기다릴 줄 아는 사랑, 넘 아름다운 강연이었다. 신부님, 감사합니다. 가슴에 그대로 담았습니다.

오늘을 위한 기도 _이해인

오늘 하루 길 위에서
제가 더러는 오해를 받고
신뢰받지 못하는 쓸쓸함에 눈물 흘리게 되더라도
흔들림 없는 발걸음으로 길을 가는
인내로운 여행자가 되고 싶습니다.

오늘 하루
제게 맡겨진 시간의 옷감들을
자투리까지 아껴 쓰는 알뜰한 재단사가 되고 싶습니다.

하고 싶지만 하지 말아야 할 일과
하기 싫지만 꼭 해야 할 일들을
잘 분별할 수 있는 슬기를 주시고
무슨 일을 하든지
그 일밖에는 없는 것처럼 투신하는
아름다운 열정이 제 안에 항상
불꽃으로 타오르게 하소서.

제가 다른 이에 대한 말을 할 때는
'사랑의 거울' 앞에서 저를 다시 비추어 보게 하시고

자신의 모든 것을 남과 비교하느라
갈 길을 가지 못하는 어리석음으로
오늘을 묶어두지 않게 하소서.

몹시 바쁜 때일수록
잠깐이라도 비켜서서 하늘을 보게 하시고
고독의 층계를 높이 올라
내면이 더욱 자유롭고 풍요로운
흰옷의 구도자가 되게 하소서.

제가 남으로부터 받은 은혜는
극히 조그만 것이라도 다 기억하되
제가 남에게 베푼 것에 대해서는
아무리 큰 것이라도 잊어버릴 수 있는
아름다운 건망증을 허락하소서.

오늘 하루의 숲 속에서 제가 원치 않아도
어느새 돋아나는 우울의 이끼, 욕심의 곰팡이,
교만의 넝쿨들이 참으로 두렵습니다.

그러하오나 주님
이러한 제 자신에 대해서도

너무 쉽게 절망하지 말고
자신의 약점을 장점으로 바꾸어 가는
꿋꿋한 노력을 게을리하지 않게 하소서.

긍정 심리학, 기도의 마음자세

마틴 셀리그만Martin E. P. Seligman은 긍정 심리학의 창시자다. 그는 미국 심리학회 회장을 지냈으며, 현재 펜실베이니아대학교 심리학과 교수로 차세대 지도자를 육성하는 폭스 리더십Fox Leadership 프로그램을 담당하고 있다.

긍정 심리학이란 30년 동안 우울증을 비롯하여 다양한 분야의 연구를 해온 유다인 심리학자 마틴 셀리그만이 1998년에 사용하기 시작한 말이다. 그동안의 심리학이 인간에 대한 원죄론을 바탕으로 프로이트의 정신분석학이 인간의 부정적 측면을 지나치게 강조한 점을 반성하면서 긍정 심리학이 탄생했다.

행복한 삶을 꿈꾸는 사람은 많지만 누구나 행복한 삶을 사는 것은 아니다. 현실에서 행복한 삶을 산다는 것은 상당히 어려운 일이라고 생각하며 꿈이라 단정짓는 이유도, 행복은 쉽게 잡을 수 있는 것이 아니기 때문이다. 마틴 셀리그만은 행복해지기 위해서는 지금까지 가지고 있던 행복에 대한 생각의 변화가 필요하다고 역설한다.[33]

저자가 실시한 연구 결과에 따르면 활기 넘치는 수도원에서 생활한 수녀들은 90퍼센트가 85세까지 장수한 반면 무미건조한 수녀원에서 지낸 수녀들 가운데 85세까지 산 사람은 34퍼센트에 지나지 않았다. 또 가장 활기 넘치는 수도원에서 지낸 수녀들은 54퍼센트가 94세까지 살았지만, 가장 무미건조한 곳에서 지낸 수녀들 가운데 94세까지 산 사람은 11퍼센트밖에 되지 않았다고 한다.

일상 삶을 사는 사람들에 비해 수녀들은 속세와 격리된 채 규칙적으로 생활하고 자극이 적은 음식을 먹으며 사회 경제적 지위가 같다. 따라서 판단하기 어려운 요소를 최소화할 수 있었던 결과로 긍정적 감정을 가진 행복한 수녀가 장수했다는 결과가 나온다.[34] 이렇게 긍정 심리학을 기도의 마음자세로 적용해 본다면 굉장한 영적 효과를 얻을 수 있다.

낙관적인 사람은 자신이 처한 어려운 상황이 일시적인 것이기에 극복할 수 있다고 판단한다. 하지만 비관적인 사람은 어려움에 처했을 때 스스로 문제를 해결하고 극복할 수 없을 거라는 생각의 차이를 보인다. 따라서 부정적이고 비관적인 요소에 대해 올바른 생각을 하며 대응하는 것이 낙관주의다. 이는 스스로 강점과 미덕을 계발하여 더욱 행복한 생각으로 긍정적 삶을 영위하게 하고, 스스로 긍정적으로 생각하도록 학습하여

---

33. 마틴 셀리그만, 「마틴 셀리그만의 긍정 심리학」(서울: 황금비늘, 2007), 출판사 서평 참조.
34. 같은 책, 21.

장점을 극대화함으로써 행복을 얻게 한다.[35]

긍정 심리학의 논리는 긍정하는 마음으로 기도할 때 얻는 영적 행복은 정신 건강뿐 아니라 몸의 건강에도 결정적 영향을 준다는 것이다. 다시 말해 긍정의 마음기도는 몸과 정신, 나아가 영성에 미움과 상처와 분노를 이겨내는 면역력을 기르는 데 중요한 출발점이 된다고 한다.

---

35. 같은 책, 53, 278.

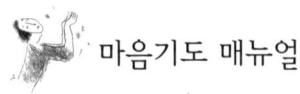 마음기도 매뉴얼

마음속 가시를 찾아라

마음속에 숨어 있는 가시는 바로 자신의 강점으로 여기던 '논리와 합리성'임을 발견했다. 이러한 마음속 가시로 사람들을 판단해 온 것이다. 그 이후 나는 가시를 뽑아내고, 논리와 감성적 요소를 분리해 살아가려고 애쓴다.

영국의 철학자 토머스 홉스가 대중화시킨 '인간은 인간에게 늑대다.homo homini lupus.'라는 말은 가깝고도 가까운 나라, 공동체, 식구, 사람들 사이에서 발견하는 갈등과 고통을 뜻한다. 사랑하고 믿고 따르던 사람들한테서 배신당하고, 억울한 누명을 쓰면 정말 상대방이 늑대로 보인다.

그런데 늑대로 표현하는 악은 그 모습을 노골적으로 드러내지 않는다. 악의 유혹은 늘 더 좋은 것을 제시하면서 다가온다. 아담과 하와에게 눈이 밝아지고 하느님과 같아진다는, 혹하는 말로 다가온다.

구약성경에서 바벨탑을 쌓아올린 이들도 하느님께 가까이 갈 수 있다는 희망을 품고 그렇게 행동한 것이다. 그런데 희망이 욕심과 교만이 되고 하느님 자리를 차지하는 악한 짓을 한 것이다. 신약성경을 보면 사탄 또한 광야에서 말씀이신 예수님을 성경 말씀으로 유혹했다. 마음속 가시는 자신의 강점 또는 장점이 될 수 있다.

마음의 힘, 믿음을 기르자

예수님께서 대답하셨다. "너희의 믿음이 약한 탓이다. 내가 진실로 너희에게 말한다. 너희가 겨자씨 한 알만 한 믿음이라도 있으면, 이 산 더러 '여기서 저기로 옮겨가라.' 하더라도 그대로 옮겨갈 것이다. 너희가 못할 일은 하나도 없을 것이다."(마태 17, 20-21)

주님이 말씀하시는 믿음이란 도대체 무엇일까? 어떻게 해야 강해질까? 초기 교회 교부와 영성가들은 두 가지를 제시한다. 하나는 단식이요 다른 하나는 기도다. 단식이나 기도를 하지 않으면 마귀를 쫓아낼 수 없다. 단식은 몸을 맑게 하는 수행이며 기도는 정신과 마음을 깨끗하게 하는 수행이다.

위령성월은 돌아가신 분을 위해 기도하는 달이다. 죽음은 삶의 아멘, 곧 삶의 확실함이다. 마지막이 아니라 참 생명 안으로 들어가는 열린 문이다. 죽음은 더 이상 모든 관계의 단절도, 그렇다고 그리스도와의 만남도 아니다. 바로 식구들과의 만남이다. 곧 그리스도와 그분 식구들에 속한 믿는 이들의 만남이다.

시에나의 성 가타리나는 죽는 길만이 우리가 사는 길이라고 말했다. 모든 것은 지나가고 사라지며 일장춘몽이지만 오직 하느님께서 머무는 때다. 우리는 주일미사 때 '육신의 부활과 영원한 생명을 믿나이다.'라고 고백한다. 우리가 고백하는 신앙을 참으로 믿는가? 이 기도는 부활 신앙에 기초한 확실한 진리의 기도다. 믿음을 키우면 마음의 힘이 커진다. 마음은 우리 몸 가운데 조절능력이라는 센서 같은 기능을 한다. 마음의 면역력을 기르기 위해 우리는 내 마음 읽기, 내 마음 느끼기, 내 마음 맑게 하기 등 마음을 일구는 일에 힘을 모아야 한다.

영혼을 바라보자

하느님을 볼 수 없다는 것은 하느님이 우리를 초월해 계시다는 뜻인데, 그분을 본다는 것은 바로 '하느님과의 합일', 곧 구원으로 들어가는 것이다. 그러므로 하느님을 보려면 기도에 익숙한 생활을 해야 한다. 말씀과 이콘을 통해 하느님을 보는 기도, 곧 '하는 기도'를 시작하면 성령께서 관조觀照와 관상觀想으로 이루어지는 '되는 기도'를 완성해 주신다.

"나를 본 사람은 곧 아버지를 뵌 것이다."(요한 14,9) 그리스도께서 당신 안에서 스스로 아버지를 보도록 요청하듯, 우리도 내면이 맑고 아름다우며 투명하게 될 때 모든 것을 통해 하느님을 직관할 수 있다. 성인들도 이렇게 살았다. "내가 아버지

안에 있고 아버지께서 내 안에 계시다."(요한 14,11)

이콘 성화는 유리창과 비교할 수 있다. 유리가 깨끗하고 투명할 때 창 너머로 아름다운 세상 경치가 그대로 맑게 보인다. 만일 유리창이 깨끗하지 못하면, 아름다운 경치를 제대로 볼 수 없고 더러운 창만 들어온다. 얼룩이 맑은 유리창을 가로막고 있기 때문이다. 우리도 이와 같이 기도를 통해서만 청결해진다. 그러므로 기도는 자신을 성찰하고 참으로 하느님을 바라볼 수 있는 마음과 영혼의 이콘, 곧 거울과 같다. "행복하여라, 마음이 깨끗한 사람들! 그들은 하느님을 볼 것이다."(마태 5,8)

"내 안에 머무르시는 아버지께서 당신의 일을 하시는 것이다."(요한 14,10) 구원의 거울이신 그리스도를 통해 우리는 이곳에서 하느님 계신 저곳을 바라볼 수 있고 언젠가는 궁극적으로 그쪽으로 건너갈 희망의 기도를 드릴 수 있다. 생명의 원천이신 아버지께서는 당신의 일과 업적을 인간의 이미지, 곧 투명한 유리창이신 그리스도를 통해 이루신다.

신앙 여정은 바로 하느님과 우리 사이에 있는 맑은 이콘이요 투명한 유리창이신 살아 계신 그리스도를 통해서만 가능하다. 그러므로 성경 말씀이 참 저자이신 성령과 함께 자신 안에서 움직일 때 살아 있는 말씀이 된다. 그렇지 않으면 말씀은 인간의 말로 쓰인 문자로 남아 있을 뿐이다.

나를 키우는 말 _이해인

행복하다고 말하는 동안은
나도 정말 행복해서
마음에 맑은 샘이 흐르고

고맙다고 말하는 동안은
고마운 마음 새로이 솟아올라
내 마음도 더욱 순해지고

아름답다고 말하는 동안은
나도 잠시 아름다운 사람이 되어
마음 한 자락이 환해지고

좋은 말이 나를 키우는 걸
나는 말하면서
다시 알지

4 영께서 여러분 안에 사십니다
_영혼기도

영혼의 탄생

내면의 기도, 영혼의 탄생

너희는 기도할 때에 위선자들처럼 해서는 안 된다. 그들은 사람들에게 드러내 보이려고 회당과 한길 모퉁이에 서서 기도하기를 좋아한다. 내가 진실로 너희에게 말한다. 그들은 자기들이 받을 상을 이미 받았다. 너는 기도할 때 골방에 들어가 문을 닫은 다음, 숨어 계신 네 아버지께 기도하여라. 그러면 숨은 일도 보시는 네 아버지께서 너에게 갚아주실 것이다. (마태 6,5-6)

2010년 6월 월드컵 경기가 열리는 동안 모두들 행복한 시간을 보냈다. 운동장에서 선수들이 한 경기 한 경기 열심히 하는 광경과 함께 기도하는 모습을 볼 수 있었다. 특히 골을 넣었을 때는 두 손을 모으고 얼굴에 주름이 잡힐 만큼 힘을 주며 꿇어앉아 열심히 기도했다.

16강전 경기에서 진출이 확정되자 이번에는 골을 넣었을 때와 달리 기도회를 열려는지, 그라운드에 둥글게 꿇어앉아 고개를 숙이고 두 손 모아 기도했다. 선수들의 이런 모습은 다른 나라 선수들 사이에서는 볼 수 없는 광경이다. 그런데 생각해 볼 것은 기도가 문제가 되는 것은 아니지만 행동의 뿌리와 내면을 보면 구약성경의 승리주의와 축복 중심의 신앙관이 바탕을 이룬다는 점이다.

오늘의 한국교회와 같이 세계에서 개신교든 가톨릭이든 단기간에 급성장한 나라도 없을 것이다. 그런데 종교인의 행동은 '십일조 봉헌'과 '축복' 중심이지 성경, 특히 복음과는 거리가 있는 듯하다. 물론 경기에서 승리했을 때 감사기도를 드릴 수 있다. 그런데 왜 '골방에 들어가' 기도하지 않고 '사람들에게 드러내 보이려고 회당과 한길 모퉁이'인 경기장에서 기도하기를 좋아할까? 골을 넣지 못했거나 자책골을 넣었을 때는 왜 기도하지 않는 것일까?

간혹 우리도 유혹에 빠진다. 기도를 하면 비록 실패해도 실망하지 않고 오뚝이처럼 일어날 힘을 받는데, 성공을 위해 기도한다면 실패했을 때는 실망하고 좌절하며 목표를 포기한다. 기도는 내면의 대화이기에 절망과 좌절에도 다시 태어나는 순간을 체험하는 은혜로운 시간을 제공한다.

'숨은 일도 보시는 네 아버지께서 너에게 갚아주실 것이다.' 기도는 하느님과의 대화이며 의사소통이다. 누구나 가까운 친구에게 속마음을 털어놓은 기억이 있듯, 하느님과의 대화도 내심의 대화가 최고다. 예수님은 중요한 결정이 있을 때마다 성전에서 기도하셨고, 홀로 기도하러 산으로 가셨다. 하느님과 내면의 대화를 하시기 위함이다. 이렇듯 기도는 믿는 이들이 소통하며 행동하기 이전의 준비 기간이다.

교회는 하느님과의 소통을 위해 공동기도와 개인기도 두 가지 방법을 권고한다. 공동기도와 개인기도의 가치는 내면에 숨어 있다. 그런데도 같은 말을 되풀이하는 기도는 내면을 습관적으로 무감각하게 만든다.

아시시의 성 프란치스코의 공식 전기작가 토마스 첼라노는 프란치스코가 '기도하는 사람이며 스스로 기도가 된 사람'이라고 했다. 사실 프란치스코 성인은 제자들에게 기도를 많이 하라거나 기도하는 사람이 되기 위한 특별한 방법을 가르쳐 주지 않았다. 성무일도를 충실히 바치며, 글을 모르면 주님의 기도를 대신 바칠 것을 권했다. 그것도 아침·저녁기도를 대신해 주님의 기도 열두 번을 바치고 낮기도는 일곱 번만 바치라고 했다.

아빌라의 데레사, 십자가의 성 요한, 로욜라의 이냐시오 같은 기도 전문가들이 가르치는 특별한 방법이 없는데도 성 프란치스코는 어떻게 기도하는 사람, 아니 기도 자체가 된 것일까? 성녀 클라라도 마찬가지다.[36] 왜 그럴까? 그것은 예수님처럼 삶이 기도였기 때문이다.

---

36. 오상선, '영광이 성부와 성자와 성령께', 「레지오 마리애」, 2010년 9월호, 57-58.

어느 날 아시시의 프란치스코는 형제들과 함께 마을에 내려가 설교하자고 제안했다. 그래서 프란치스코는 형제들과 함께 아랫마을로 내려가 적당한 장소를 찾다 마을을 한 바퀴 돌아본 뒤 수도원으로 왔다. 설교를 제안한 프란치스코의 행동을 이상하게 여긴 형제들이 어째서 설교하지 않고 그냥 돌아왔느냐고 하자 성인은 설교는 입으로만 하는 것이 아니라 행동으로도 하는 것이라고 했다.

기도도 마찬가지다. 기도란 말만 하는 것이 아니라 청원과 함께 행동이 뒤따른다. 그런데 "너희는 기도할 때에 위선자들처럼 해서는 안 된다. 사람들에게 드러내 보이려고 회당과 한길 모퉁이에 서서 기도하기를 좋아한다."는 말씀처럼, 성 요한 금구도 기도하면서 지나치게 말을 많이 하는 것은 잡담을 하는 것이라고 했다.[37]

하지만 믿음과 행동으로 성실히 기도하는 사람이 느끼듯, 하느님 뜻을 볼 수 없어도 사람의 청원을 들어 허락하신다는 것을 믿음으로 안다. 하느님께 무엇인가를 청원하고 하느님이 청을 들으셨다는 확신이 들면, 그분께서 주시는 선물에 늘 '예.'라고 응답해야 한다. 숨은 일도 보시는 하느님이시기에 무엇으

---

[37]. 성 요한 금구는 "신령한 언어로 만 마디 말을 하기보다, 다른 이들을 가르칠 수 있게 내 이성으로 다섯 마디 말을 하고 싶습니다."(1코린 14,19)라는 말씀과 관련하여 언급하면서 지나치게 말을 많이 하는 사람은 기도하는 것이 아니라 잡담을 하는 것이라고 했다. 집중하지 않고 많은 말을 하는 것보다 집중하면서 짧게 기도하는 것이 바람직하다는 뜻이다.

로도 바꿀 수 없는 심오한 선물을 주시기 때문이다.

악에서 지켜주소서

이들을 세상에서 데려가시라고 비는 것이 아니라, 이들을 악에서 지켜주십사고 빕니다.(요한 17,15)

주님께서 기도하셨듯 나도 주님께 늘 기도드린다. 하느님께서 온갖 불행과 역경, 적들한테서 나를 보호하신다고 믿기 때문이다. 몸의 건강과 장수 등 자신을 위해서도 기도해야 한다. 그러나 기도는 일방적이 아니라 쌍방적이고 관계적이기에 상호소통이 이뤄져야 한다.

나는 갑자기 어려운 일이 생기면 자동적으로 기도한다. 몇 년 전 미국 시애틀에서 경비행기를 타고 캐나다 에드먼턴으로 가는데, 로키산맥을 지날 때 갑작스러운 기류변화로 비행기가 심하게 흔들렸다. 산맥을 지나는 40여 분 동안 나는 평생 할 애절한 기도를 다한 것 같았다. 병원에서 수술이나 종합검진을 받고 결과가 나올 때도 우리는 강력한 기도를 한다.

아픈 이들은 진실로 고통을 이기고 어려움을 견딜 힘을 달라고 한다. 어려서부터 모험과 영웅전 이야기를 좋아하는 아이들은 모험을 즐기면서 어려움을 헤쳐 나가는 용기를 배운다.

교회 역사에서 볼 때 순교자들이 용기를 청하며 고통을 극복

했듯이 아픈 이들도 병마를 이겨낼 힘을 가진다. 자녀들을 양육하는 어머니의 용기는 아이를 건강하게 기르는 힘이다. 용기와 힘은 그들한테서 나오지 않고 바로 그분 말씀을 산 이들 가운데 활동하시는 살아 계신 그리스도이며 용기다.(요한 17,11-19 참조) 그러므로 우리는 매번 힘들고 어려운 환경에서 '악에서 지켜 달라.'고 기도하며 용기를 청해야 한다. 그때 영혼이 다시 태어나는 순간을 맛볼 수 있다.

거룩한 변모

예수님께서… 기도하시러 산에 오르셨다. 예수님께서 기도하시는데, 그 얼굴 모습이 달라지고 의복은 하얗게 번쩍였다.(루카 9,28-29)

예수님께서 거룩하게 변모하셨다. 변모는 무엇인가? 변모란 본질이 변하거나 바뀐 것이 아니다. 주님께서는 악마가 돌을 빵으로 바꾸는 것을 바라시지 않은 것같이 어떤 마술도 피하신다. 주님께서 본질 또는 본심을 바꾸는 마술을 부리셨다면 악마들이나 하는 속임수를 부린 것과 같을 것이다. 거룩한 변모는 그런 것이 아니다.

그러면 주님의 거룩한 변모는 무엇이며 어떻게 알아들어야 하는가? 이는 본래의 거룩한 당신 영혼을 다시 보여주시는 것이다. 곧 주님께서는 변한 게 아니고 주님의 본질, 곧 본모습을 드러내신 것이다. 주님의 변모는 공생활에서 보여주신 기적이 아니며 그렇다고 우리나라 건국 이야기에 나오는 신화는 더욱 아니다. 주님께서는 제자들에게 말씀과 행적으로 당신 본질을 보여주셨다. 그러나 그들은 잘 알아듣거나 볼 수 없었다.

베드로가 "스승님은 살아 계신 하느님의 아드님 그리스도이십니다."(마태 16,16) 하고 대답했지만, 지금 타볼 산에서는 그 대답을 얼떨결에 했음을 확연히 알게 된다.

주님께서는 당신의 본질을 말씀과 행적뿐 아니라 빛을 통해서도 보여주신다. "예수님께서 기도하시는데, 그 얼굴 모습이 달라지고 의복은 하얗게 번쩍였다."(루카 9,29) "그들 앞에서 모습이 변하셨는데, 그분의 얼굴은 해처럼 빛나고 그분의 옷은 빛처럼 하얘졌다."(마태 17,2)

우리는 그리스도의 말씀을 통해 내 본래의 모습, 하느님을 닮은 거룩한 변모를 발견할 수 있다. 삶 안에서 우리는 주님 말씀을 렉시오 디비나 또는 이냐시오 관조묵상으로 기도하고 사랑을 실천하며 영혼이 다시 태어나는 순간, 곧 거룩한 변모를 만난다.

빛과 사랑으로 변모한다

빛은 무엇인가? 빛은 풍경을 아름답게 한다. 물론 빛이 거짓 아름다움을 만들어 내거나 본질을 바꾸는 것은 아니다. 빛은 본디 모습을 아름답게 보이게 한다. 그래서 대부분의 성당과 성지 경당에서 촛불을 밝히고 기도한다.

2007년 한 수도원에서 안식년을 보내던 나는 거의 날마다 한두 시간씩 산책을 했다. 뒷산에 올라 수도원을 찾다 "아! 저기 있다." 하고 자세히 보니, 수도원이 아니라 비슷한 사회복지 시설이었다. 장소가 바뀐 것이 아니라 내가 잘못 본 것이다.

이는 세상이 아니라 시각이 변하기 때문이다. 해가 환할 때는 산 아래 경치가 선명하게 보이고 풍경도 아름답다. 그런데 날씨가 흐리거나 약할 때는 아름다운 풍경을 제대로 볼 수 없다. 풍경이 변한 것이 아니다. 빛은 풍경을 더 아름답게 보게 하고, 살고 있는 곳이 얼마나 아름다운지 발견하도록 돕는다.

세상은 본디 아름다운데 사람의 시야가 좁아졌거나 흐려져 본질을 보지 못하는 것이다. 아름다운 세상이 본모습을 드러내려면 내 시야가 먼저 변화되어야 한다.

영성가들은 빛을 두 가지로 말한다. 하나는 외적 감각, 다른 하나는 마음과 정신이다. 외적인 빛은 우리의 감각, 곧 눈·코·입·귀·손·몸으로 느끼는 것이고 내적인 빛은 마음과 정신으로 느끼는 것이다. 내적인 빛은 마음과 정신을 비추고, 우리는 그 빛을 통해 대상의 본질을 바라볼 수 있다.

베드로는 평소 마음과 정신, 곧 내적인 빛을 통해 주님을 보지 못한다. 그런데 지금 주님의 거룩한 변모의 빛이 비추자, 눈이 휘둥그레지며 주님의 본모습을 본다.

　세상을 변화시키는 것은 무엇인가? 바로 빛과 사랑이다. 사랑의 실천과 빛이 세상을 아름답게 비추어 본질이 드러나게 한다. 사랑과 빛이 우리가 사는 환경을 변화하게 한다. 사랑하면 세상이 다르게 보인다. 참사랑을 깨닫고 체험하면 세상이 변한다. 주님과 성령한테서 오는 빛과 사랑은 세상을 변화시키는 원천이자 뿌리다.

　타볼 산에서 벌어진 예수님의 거룩한 변모는 죽은 이들의 부활을 고백하는 그리스도 신앙의 본질을 제시한다. 죽음이 믿는 이들에게 거룩한 변모, 곧 부활신앙으로 가는 시작이라면 믿지 않는 이들한테는 끝이요 마침이기에 변모도 없는 것이다.

　부활은 세상에서 태어난 인간이 서로의 사랑과 빛으로 변화되어 가는 그리스도 신앙의 본질이며, 세상은 우리 삶이 성령의 빛과 사랑으로 살아갈 때 변화된다.(루카 9,28-36 참조) 성경 안에서 기도할 때 빛과 사랑이 영혼을 다시 태어나게 한다.

'하는 기도'에서 '되는 기도'로

　이스라엘을 순례하면서 어느 자매는 예수님의 흔적에 매료되어 자신도 주님처럼 가난하게 살고 싶다고 고백했다. 정말 성화의 은혜를 받은 고백이 아닐 수 없다. 그런데 성화되고 가난하게 변화하는 데는 결정적으로 삼위일체이신 하느님의 뜻을 따르려는 결심에서 우러나온 '하는 기도'가 말씀을 통하여 성령과 함께 '되는 기도'로 옮아가는 데 있다.

그러면 구체적이고 지속적인 거룩한 변모 상태를 유지하기 위해 마음을 기르며 기도드리는 방법을 살펴보자. 마음을 기르며 하는 기도에 익숙해지면 화나 분노에서 오는 상처가 아물고 궁극적으로 영혼의 새로운 탄생을 본다.

사실 모든 기도는 '하는 기도'에서 '되는 기도'[38]로 가야 한다. 요즘 많이 소개되는 거룩한 독서(聖讀, Lectio divina)·이냐시오 관조묵상·생활 말씀은 각각 초기와 16세기, 20세기의 대표적 묵상기도 방법이다. 거룩한 독서는 초대교회부터 지금까지 수도원과 성당에서 수도자와 영성가와 신자들이 성경을 읽고 묵상하는, 가장 오래되고 기본이 되는 기도다.

거룩한 독서는 다음 세 가지 뜻을 지닌다. 먼저 성경을 읽고 또 거룩하게 읽는다. 그러면 성령께서 말씀을 깨닫도록 읽어주신다. 거룩한 독서의 핵심 묵상기도는 말씀을 먹고 되새김하는 데 있다. 이냐시오 관조묵상은 말씀을 바라보고 이미지로 만나는 기도다. 생활 말씀은 우리 삶을 말씀에 단순하게 연대해 실행하는 기도다. 이 세 가지 말씀을 먹고 바라보고 말씀에 연대하는 묵상기도는 내가 먼저 시작한 '하는 기도'에서 그분께서 이루어 주시는 '되는 기도'로 완성한다.

---

38. 정제천, 위의 글, 134-135.

거룩한 독서는 어머니의 정성과 사랑으로 만든 음식이 몸 안에 들어와 영양소가 골고루 스며들듯 말씀이 내 안에 들어와 성령께서 내 안에 스며들게 돕는 기도다.

이냐시오 관조묵상은 마치 영화감독이 된 듯 말씀을 바라보고 장면을 구성하지만 결국 마무리는 성령께서 '되는 기도'로 이끄신다. 그렇지만 모두가 영화감독이 될 수는 없지 않은가? 하지만 나름대로의 연출과 감독 역할을 하면, 영원한 감독이신 성령께서 '레디 액션!' 하면서 '되는 기도'로 이끄신다.

생활 말씀은 포콜라레 운동의 묵상기도로 말씀에 구체적으로 연대해 삶의 맨 윗자리에 주님을 모시고 이웃 안에 버림받은 예수님과 함께 형제자매와 친교의 삶을 살도록 돕는 기도다.

지금까지 살펴본 방법은 교회 역사에서 시대별로 생겨나 살아온 기도로 말씀을 세 가지 방식으로 하는 묵상법이다. 그러므로 우리는 말씀을 묵상하는 다양한 기도 방법을 체험해야 한다. 음식을 골고루 먹는 데는 균형 잡힌 영양식을 섭취하기 위한 것도 있지만, 자신이 좋아하는 음식을 발견하기 위한 소중한 이유도 있다.

그러면 발견한 음식을 지속적으로 먹되, 가끔은 좋아하지 않는 음식도 먹어야 좋아하는 음식의 가치를 그때그때 확인할 수 있다. 이 세 가지 묵상기도를 다양하게 체험하며 편안한 방법을 택해 지속적으로 말씀을 묵상하되 가끔은 다른 묵상기도를 체험해야 한다.

그런데 이런 기도의 내부 깊숙한 곳에는 기도가 발생한 시기와 고유한 신학 원리가 배어 있다. 거룩한 독서는 초기 그리스도교 공동체가 미사와 시간경기도를 드리며 말씀과 성체를 일용할 양식으로 몸에 담아 먹었던 묵상기도 방법이다.

이 기도 방법은 시대와 역사와 신학이 아무리 발전해도 신앙의 핵심을 살아가는 기도방식이기에 시대를 넘어 그리스도인들이 수행하는 묵상기도다.

신학계와 교계의 21세기 사제와 교회봉사자 양성이 성경을 통한 교육을 강조한 것은 바로 영적 양식으로 말씀을 받아먹는 거룩한 독서 묵상기도를 염두에 두었기 때문이다.

이냐시오 관조묵상은 종교개혁과 개신교 발생 때 성 이냐시오의 체험에서 생긴 기도로 동시대 신학 영향을 받아 형성된 묵상기도다. 중세의 신학 동향은 죄 중심의 신학 흐름 속에서 인간은 죄인이기에 스스로 속죄할 수 없고 죄 없는 인간 예수께서 우리 죄를 대신해 십자가 죽음으로 세상과 인간을 구원한 보속 구원론이 대세였다. 그러다 보니 구원자와 죄인의 구도 속에서 인간은 예수님의 십자가 희생에 참여할 수 없었다. 그래서 그리스도의 삶을 관조하는 기도 방법에서 은혜를 구하는 기도로 발전했다는 신학적 해석을 할 수 있다.

제2차 바티칸공의회 직후 나온 보속 그리스도론 신학은 십자가와 부활에 인간의 참여를 강조하는 연대 그리스도론 신학에서 영감을 받았다.

포콜라레를 설립한 키아라 루빅은 생활 말씀을 연대 신학의 일치와 친교영성 위에 문화·음악·정치·신앙 등 다양한 분야에서 실천했다. 하느님을 맨 윗자리에 모시고 성령으로 말씀을 잉태하고 탄생시키며 말씀을 중심으로 살아가는 믿음의 모범 마리아를 닮아 작은 마리아로 살아가는 운동을 전개했다.

이런 기도 방법의 강점과 약점을 서로 보완하면 균형 잡힌 말씀 묵상기도를 드릴 수 있다. 예를 들어 거룩한 독서는 말씀이 내 안에 들어와 나를 움직여 생각하고 표현하며 활동해 내가 할 수 있는 만큼의 실천을 하도록 인도한다.

이냐시오 관조묵상은 영화감독처럼 장면을 구성하되 가끔은 배우로 움직이도록 한다. 끝으로 포콜라레의 생활 말씀은 구체적 삶에서 이웃과 세상과 연대하는 말씀의 힘을 지금 여기에서 살도록 이끈다. 하지만 가끔 말씀을 먹고 말씀에 머물고 바라보면서 말씀의 영적 뜻과 가치를 깊고 넓게 성찰한다면 더할 나위 없는 기도가 될 것이다. 이 모든 복음 묵상기도는 내가 '하는 기도'로 시작해 성령께서 '되는 기도'로 안내하는 모습이어야 한다.

한편 향심기도Centering prayer와 예수 마음기도는 묵상기도가 아니라 분심과 상처를 치유하는 기도이며, 상처가 응급 상황이든 만성이든 효과를 얼른 볼 수 있는 기도다. 아무튼 이 모든 말씀으로 하는 기도는 그 방식이 약간 달라도 마음으로 드리는 기도와 비슷한데, 한마디로 말씀이 내 안에서 움직이도록 성령을 양손에 꽉 쥐고 마음과 몸을 비우고 내주는 기도다.

거룩한 독서가 말씀을 먹고 씹어서 되새김하고, 거룩한 말씀의 단어가 내 안으로 향하게 하는 향심기도가 분심을 멀리하도록 돕는다면, 예수 마음기도는 과거의 분심에서 상처 난 아픈 마음을 어루만져 주면서 예수 마음으로 치유한다. 그런데 공통적으로 이 기도는 말씀이 내 안에서 다양하게 활동하도록 맡기는 기도이며, 초기 천년 그리스도교에서 시작해 지금도 동방교회에서 끊임없이 드리는 기도, 곧 마음의 영성수련과 마음으로 드리는 기도에 교회 전통과 영성적 뿌리와 신학적 계보를 두고 있다.[39]

마음으로 드리는 기도

이제 구체적으로 마음으로 드리는 기도를 체험해 보자. 우리는 공기를 들이마시고 내쉬며 호흡하는데, 이 일은 폐에서 한다. 공기는 심장을 둘러싼 폐를 통해 들어와 심장 주변을 휘감는다. 이렇게 호흡은 심장으로 통하는 자연스런 길이 된다. 공기가 호흡 통로를 이용해 심장에 이르듯, 정신도 마음으로 보내기 위해 들이마신 공기와 더불어 마음속으로 가져가 마음에 머무르게 한다.

---

39. 곽승룡, 「마음의 영성수련과 마음으로 드리는 기도」 참조.

이 동작은 익숙해질 때까지 계속 반복한다. 마음에서 정신이 너무 빨리 빠져나오지 않도록 침묵과 고요 속에 머문다. 처음에는 내적 은둔과 격리가 매우 외롭고 멀게 느껴질 수 있다.

　하지만 그것이 익숙해지면 밖에서 목적 없이 떠도는 분심을 이겨낼 것이다. 바로 그때 내면에 머무는 것이 더 이상 불편하거나 지루하지 않게 된다. 마치 집을 떠난 아버지가 돌아와 아내와 자녀들을 보고 뛸 듯이 기뻐하며 얼싸안고 끝없이 얘기를 나누듯, 정신 또한 마음과 하나 되면 말할 수 없는 기쁨으로 가득 찬다.

　그러면 천국이 진정 마음 안에 있음을 깨닫게 되고, 내면에서 천국을 보았기에 마음기도로 맑은 마음 상태를 지속적으로 만날 수 있다. 마음기도를 통해 우리는 마음을 지키고 마음이 견고해져 마음 밖의 것들에는 주의를 기울이지 않게 된다. 이런 마음으로 드리는 기도로 영혼이 새롭게 태어나는 체험을 한다.

　"그대들도 마음 안으로 들어가면 나처럼 하느님께 감사하십시오. 그분의 자비를 지속적으로 찬미하다 보면 다른 방식으로는 배울 수 없는 것들을 익히게 됩니다. 그대들의 정신이 마음 안에 굳건히 자리 잡으면 그저 골방에 머물지만 말고 끊임없이 이렇게 기도하십시오. '하느님의 아들이신 주 예수 그리스도님, 저에게 자비를 베푸소서!'

　기도를 멈추어서는 안 됩니다. 그대의 정신을 환상이나 꿈에서 멀리하는 수행이 있어야만 마귀의 유혹이 침입하는 것을 막을 수 있으며, 하느님을 향한 그대의 사랑도 두터워집니다."

그대가 부단히 노력했는데도 정신을 마음으로 들여보내지 못했다면 한번 이렇게 해보십시오. 하느님의 도움으로 찾는 것을 얻게 될 것입니다. 사람들은 마음으로도 말을 주고받습니다. 입술로 말하지 않고도 그대는 자신과 대화할 수 있고, 기도하거나 찬송할 수 있습니다. 이제부터는 마음속 대화를 일절 중지하고(원하기만 하면 할 수 있다) 짧게 기도하십시오. '하느님의 아들이신 주 예수 그리스도님, 저에게 자비를 베푸소서!'"[40]

한 영적 스승은 이렇게 고백한다.

"다른 생각은 끊어버리고 이 기도가 마음에 계속 울려 퍼지게 하십시오. 정성을 다해 지속적으로 이 기도를 드리다 보면 마음의 길이 그대 앞에 열릴 것입니다. 틀림없습니다. 나도 이런 방법으로 하느님께 다가가고 일치했기 때문입니다. 내가 원하는 바를 열렬히 바라면서 마음을 모아 지속적으로 이 기도를 바치면 사랑·기쁨·평화 같은 감미로운 덕목이 그대 마음에 내릴 것이고, 모든 청원이 주 예수 그리스도의 이름으로 응답받게 될 것입니다. '그분께 성부와 성령의 이름으로 영광과 존경과 경배를 항상 이제와 같이 영원히 드리나이다. 아멘.' 하고 기도를 마치십시오."[41]

---

40. T. Spidlik, *The Spirituality of the Christian East*(Kalamazoo: Cistercian Pub. Inc, 1986), 316-318. 곽승룡, '헤시카즘', 「가톨릭대사전」 제12권, 9622-9625 참조.

영혼을 움직이는 분

다빈치의 고백의 기도

레오나르도 다빈치는 역사에 길이 남을 수많은 걸작을 남겼다. 그런데 그가 신앙의 작품을 남길 때마다 화살기도를 하며 되뇌인 것은 다음과 같은 영혼에서 우러나온 고백기도다.
"하느님께서 나를 움직이셨다."
바로 하느님이 첫 번째 움직임 first motor이라는 고백인데, 다빈치의 훌륭한 작품들이 이 한마디를 고백한다. 다빈치는 예술가의 위대함뿐 아니라 신앙인의 탁월함을 모두 가지고 있었다. 다빈치의 신앙고백 '나를 움직이신 하느님'은 예술철학의 반성이면서 동시에 복음 말씀을 풍요롭게 한다. 영혼의 탄생을 위한 영성 생활에 필요한 지침이 다음 기도문에서 잘 나타난다.[42]

내가 움직이고 일하며
자유로이 좋은 일을 위해
최선을 다할 수 있는 것도
모두 나에게 힘을 주고 움직이도록 하는

---

41. 같은 책, 319-320. 곽승룡, '예수기도', 「가톨릭대사전」 제9권, 6353-6355 참조.
42. T. Spidlik, *Il vangelo di ogni giorno II*, 68.

정신적·영적 식구관계로 존재하기 때문이다.
하느님께서 순수행동으로 먼저 움직이시니
내가 움직이는 것도 그분과의 피동 관계에 얽매이지 않고
그분처럼 나도 스스로 움직인다.
하지만 반대로 내 위에 수동적으로 어떤 충동적 힘에 의해
시작과 끝 모두, 일거수일투족이 나를 조절·감시한다면
이 속박에서 빠져나올 수 있을까 하고 좌절할 것이다.
먼저 움직이는 원동原動에 대해 유익하지 않고
나는 오히려 나쁜 생각으로 악에 넘어지고 말 것이며
내가 더 이상 나로서 어떤 행동도
자유롭게 움직일 수 없는 로봇과 같을 것이다.
그럴 때 수동적으로 게으름 피우며 살아가게 된다.
게으름은 모든 악습의 어머니라는 격언처럼
옛사람들의 경험에서 나온 것이지만
노동은 오히려 나쁜 성향을 치유한다.

마음을 다해 사는 사람들의 영혼

 세상에는 어려운 여건 속에서도 마음을 다해 살아가는 화가·작곡가·음악가·연주가 등이 많다. 세계 최고의 타악기 연주자로 유명한 에블린 글래니는, 영혼을 두드리는 소리는 귀로 듣는 것이 아니라 몸과 피부와 발로 듣는 것이라고 했다. 그녀

는 손과 발로 소리를 느끼는 청각장애인이지만 마림바·드럼·봉고·탐탐 등 리듬용에서 선율용까지 크고 작은 타악기를 연주하면서 객석을 압도한다.

청각장애인이 어떻게 그토록 훌륭한 연주를 할 수 있느냐는 물음에 그녀는 "저는 청각장애인 음악인이 아니에요. 다만 청각에 조금 문제가 생긴 음악가일 뿐이에요."라고 대답했다. 그녀에게 장애는 조금 불편한 조건일 뿐이다. 글래니는 영혼도 아름답다. 국제청각장애협회 회장을 맡아 장애인 복지 장학사업도 열심이다. 2006년 내한 공연에서도 개런티 한 푼 받지 않고 공연 수익금 전액을 한국장애아동 후원금으로 내놓았다.[43]

네 손가락의 피아니스트 희아 양, 교통사고로 하반신을 못 쓰는 가수 강원래 씨, 마음으로 그리는 미술가, 들을 수 없지만 세계적 리듬악기 연주자가 된 에블린처럼 믿음으로 하느님을 닮아 희망을 딛고 일어선 사람이 많다. 눈으로 보거나 들을 수는 없지만 하느님께서 주신 마음의 눈과 다리로 놀라운 잠재력과 초능력을 발휘하는 사람도 많다. 하느님께 신앙을 둔 사람들 또한 어려움과 시련을 딛고 일어서는 사랑과 자비의 기적을 일으키는 이들이다. 그러므로 다빈치의 고백은 옳다. '하느님께서 나를 움직이셨다.' 이들의 영혼을 움직이신 주님께서 내 영혼도 움직여 새롭게 태어나게 해 주실 것이다.

---

43. www.evelyn.co.uk/news.aspx.

사람은 저마다 자신이 일하는 자리에서 힘을 발휘한다. 조각가는 동상을 만들고 화가는 캔버스에 그림을 그리며 재단사는 옷감을 디자인하는데, 이 모든 것은 누군가로부터 영감을 받아 힘을 낸다. 물질은 무엇인가를 움직일 수 없지만 사람의 힘은 물질과 하나 되어 서로 통교하고 꿈틀거린다.

어머니의 삶도 약하디약한 우리를 자라게 하는 위대하고 훌륭한 힘을 가지고 있다. 삶은 연약하지만 뭔가를 이겨낼 힘을 가진다. 이것이 마음과 영혼의 힘이다.

누구도 나쁜 생각과 충동에 넘어지길 바라지 않는다. 그러나 가끔 나쁜 생각이 유혹할 때 정당화하는 방법을 찾고자 주변을 두리번거리는 것을 볼 수 있다. 예를 들어 인내심을 잃고 누군가에게 분노를 일으킨다면, 마음을 조절하지 못하는 자신을 인정하면서도 그럴 수밖에 없는 이유를 찾게 된다. 의로움과 사랑 때문에 그렇게 했음을 정당화한다.

예수님 또한 화가 나서 성전에서 상인들을 몰아내신 적이 있다.(요한 2,14-15 참조) 영성가들은 자신에게 진리를 말하지 않으면서 진리를 인용하고 말하는 데 몰두하는 것은 위험한 영적 속임수라고 말한다. 거짓 위에 세워진 삶은 언제 무너질지 모르는 모래 위에 지은 집과 같다.

나는 23년의 사제 생활과 15년의 신학교 교수로 지내면서 주님께서 내 논문과 강의를 통해 말씀하신다고 믿는다. 그런데 딱딱한 논문과 강의뿐 아니라 생활이 담긴 이 같은 유형의 글쓰기를 통해서도 말씀하신다고 믿는다.

논문은 시스템의 변화를 촉구하고 새로운 탄생을 위해 교정을 요청하는 점에서 필요하지만 이런 글쓰기는 마음과 영혼의 변화를 도와주기 때문이다.

영성가들이 이구동성으로 조언하는 바는 자신을 속이며 머물러 있는 그곳을 바라보기 위해 저마다 영적 스승에게 충언을 구하라고 했다. 하지만 영적 지도자가 잘못을 지적하며 명백한 대안을 찾기란 쉽지 않다.

그럴 때는 오히려 홀로 말씀을 이해하며 진리의 길에서 자신의 인격을 맡기는 용기가 필요하다. 그러면 그분이 성령을 통해 "진리가 너희를 자유롭게 할 것이다."(요한 8,32)라고 말씀하실 것이다.

나는 이렇게 주님의 진리를 받아들이고 말하며 길을 찾을 때, 그분께서 권하는 자유를 느낀다. 그럴 때 나는 내 속에 숨어 있는 마음의 보물을 찾아가는 은혜를 생각하며, 마음과 영혼의 탄생을 위한 기도 훈련인 '복을 부르는 기도'를 계속 반복한다.

계산 없는 힘, 은총이었네

예수께 빌라도가 묻는다. "당신은 어떤 힘을 가지고 있소?" 그리스도의 삶은 연약하지만 무엇인가를 구할 수 있는 힘을 가졌다. 이것이 부드러움의 힘이다. 어머니의 삶도 약하디약하지만 자신을 자라게 하는, 위대하고 놀랍도록 훌륭한 힘을 지닌다. 하느님만이 영원한 생명을 위해 힘을 주신다. 하느님은 그리스도께 힘을 주셨고, 그리스도는 우리 가운데 그 힘으로 사신다. 오늘날 인간이 추구하는 분야와 세상은 통계치로 설명된다. 언제 어디서나 볼 수 있는 주변의 것들은 대부분 계산된 통계치로 설명된다. 예를 들어 병원 진료도 통계치로 확인한다.

몇 년 전 어머니께서 하느님 품에 안기시기 전, 병원 신세를 여러 번 진 적이 있는데 환자 상태가 좋지 않을수록 복잡한 기계가 환자 상태를 숫자로 알려준다. 우리 사회의 출산율과 이혼율, 복지시설의 일자리가 얼마나 되며, 기부금이 얼마나 모였는지를 가늠하는 것도 통계치로 알 수 있다. 선거 때가 되면 지지도를 조사하고 통계치를 분석해 방송하듯, 숫자는 이제 무소불위의 영역이 되었다.

하지만 그런 일의 주역인 컴퓨터도 하지 못하고 도망가는 일이 있으니, 그것이 무엇일까? 기계적 통계로도 알 수 없고 계산될 수 없는 것이 있으니, 그것이 무엇일까? 바로 계산의 영역과 거리가 먼 하느님의 은총이다.

진홍빛처럼 붉은 죄도 고해성사의 은총으로 벗어날 수 있다. 심판자 그리스도에 의해 받은 힘으로 실현되는 고해성사는 마음속 가시를 뽑아내도록 도와주는 은혜의 원천이다. 그래서 마음과 영혼이 다시 태어나는 순간을 만난다.

진리가 너희를 자유롭게 하리라

초등학교 선생님이 학생들에게 물었다. "여러분은 왜 어른이 되길 바랍니까?" 그러자 한 학생이 "제가 하고 싶은 것을 하려고요." 하는 대답에 선생님은 생각했다. '모든 어린이는 자기가 원하는 것을 하고 싶어한다. 하지만 어른이 된다고 하고 싶은 것을 자유롭게 할 수 있을까?' 아이들은 하고 싶은 것을 엄마나 아빠께 떼를 쓰면 무엇이든 할 수 있지만, 어른이 되고 책임 있는 자리에 서면 하고 싶은 것을 마음대로 할 수 없다. 자유를 추구하는 것은 아이들뿐 아니라 모든 사람에게 해당된다.

역사는 국가와 사회 또는 개인이 자유를 쟁취하기 위해 끊임없는 싸움을 해왔다. 도스토예프스키는 인간은 종의 신분임을 곧바로 알아차린 다음부터 늘 자유를 위해 싸운다고 말했다. 아리스토텔레스는 자유로운 행동은 그 자체에 다른 원인을 가지고 있지 않은 것으로 정의했다. 이렇듯 자유는 누구도 의무를 부가하거나 강요하지 않은 행동, 곧 본질에 따른 선한 행동을 가르친다.

그 대신 죄는 본성과 자유에 반대하는 것으로 나쁜 생각과 심술궂은 경향에서 시작한다. 그래서 주님께서는 "죄를 짓는 자는 누구나 죄의 종"(요한 8,34)이라고 말씀하신다. 자유에 반대하는 것을 잘 관찰해 보면 그것은 자신한테서 오지 않는다. 나쁜 생각은 밖에서 오고, 우리는 그것을 실현하려는 의지를 갖는다. 때로 저항하고 동의도 해보지만 그것에 자유롭게 행동하는 것으로 착각하고 속아넘어갈 수 있다. 곧 나쁜 생각과 죄에 대한 압박을 피한다면서 실제로는 노예로 남는다. 그러나 진리이신 말씀과 성령이 우리 안에서 움직일 때 우리 마음과 영혼은 새롭게 태어난다.

영혼의 기도

나쁜 영에 사로잡히지 않도록 기도하라

많은 사람이 나쁜 영에 사로잡힌다는 것을 믿지 않는 듯하다. 그런 증상은 기질적 질병 때문에 생긴다고 대부분 생각하지만, 우리 몸은 본디 정신 또는 마음과 함께 소통하고 싶어한다. 만일 나쁜 영이 힘을 발휘하여 몸과 마음과 정신을 갈라놓는다면 이러한 증상이 생길 수 있다. 영은 소통의 원리라고 할 수 있다.

사람은 충만한 자유를 누리는 데서 존엄성이 드러난다. 그러나 얼마나 많은 사람이 몸과 정신과 마음을 노름이나 알코올, 약물 중독에 사로잡혀 노예처럼 살아가는가? 어디 그뿐인가? 불의하게 감옥에 갇혀 있거나, 사기와 간계에 속아 구속되지 않는가?

이것이 정신과 몸, 심리적 폭력에 노출되어 살아가며 나쁜 영의 세계에 갇혀 사는 현대인의 모습이다. 영혼이 다시 태어나는 순간을 위해 말씀과 성령께 의탁해 위기를 이겨내야 한다.

사람은 외부만이 아니라 내면에서 오는 나쁜 영에 의해 종살이를 하기도 한다. 종종 고통과 절망에 빠진 사람들은 자신의 삶을 조절할 능력도, 책임을 지고 살아갈 수도 없기에 자비롭게 그들을 도와야 한다. 그런데 무엇보다 힘든 일은 자신의 고착된 생각과 스스로 무능력하다는 인식인데, 특히 주변에서 듣는 신랄한 비판이 그들을 괴롭힌다. 이 부패의 뿌리는 어디에 숨어 있는가? 몸에서 온다면 의사가, 마음에서 온다면 심리 상담전문가가, 영적인 것은 하느님·말씀·영 안에서 사제와 수도자가 찾아내도록 도와야 할 것이다.

이제 영혼이 다시 태어나는 순간의 기도여정이 마무리되어 간다. 기도여정 막바지에 우리는 영적 치유, 영적 상담, 영혼기도의 달인이 되도록 노력해야 한다. 특히 사제와 수도자, 영성생활에 민감한 사람들은 영적 사도직에 전문적으로 준비하고 연대해야 한다. 무엇보다 한 사람 한 사람은 말씀과 성령 가까이 머물며, 말씀과 성령께서 내 안에서 움직이는 영적 체험을 해야 한다. 이것이 마음기도·영혼기도, 곧 복을 부르는 기도다.

부정적으로 고정된 사고는 습관화된 뿌리를 지니는데, 이 뿌리에서 멀어지는 훈련이 필요하다. 바닥에 단단히 붙어 지속적으로 암시하는 것이 무엇인지 우리는 깨달아야 한다. 성경은 그것이 나쁜 영의 영향이라고 말하며, 성인들도 그러한 경험을 지닌다. 성인들 또한 악에서 완전히 해방되는 길을 찾았기 때문이다.

어떤 수도원에 환상을 본 수도자가 있었는데 원장은 그에게 고기를 더 먹을 것을 권했단다. 나쁜 영에 대한 식별은 대단히 전문적이고 사려 깊은 자세로 기도해야 하기 때문이다.

복음에서 나쁜 영에 빠진 이가 "하느님의 아드님, 당신께서 저희와 무슨 상관이 있습니까?"(마태 8,29)라고 말하듯 나쁜 영에 빠진 이들은 성상이나 성수와 같은 단순한 성물聖物 앞에서 파괴적 행동을 할 수 있다. 이런 현상은 매우 이례적이지만 말이다.

보통 일상생활에서도 이런 일이 일어난다. 성性적 고통에 빠진 사람은 교회생활을 멀리하고 신앙생활을 기피한다. 누군가에게 분노를 가진 사람은 복음을 제대로 묵상할 수 없다. 이웃을 미워하는 신앙인은 그 이웃이 나오지 않는 미사에만 참여한다. 사람들은 부정적 영향을 받으면 자유로운 결정을 할 수 없다. 그러나 자유로운 결정은 자신의 과제, 곧 삶과 이웃과의 관계를 더욱 강화한다.

성 아우구스티노는 성경을 읽으면서 성적 생각에서 해방되었다. 나쁘고 더러운 영은 성경 말씀을 읽는 사람을 유혹에 빠뜨리거나 이길 수 없다. 말씀이 그 사람 안에서 움직이고 활동하기 때문이다.

마태오 복음사가가 전하는 "마귀들이 예수님께, '저희를 쫓아내시려거든 저 돼지 떼 속으로나 들여보내 주십시오.' 하고 청하였다."(마태 8,31)라는 말씀을 들어보면 마귀들도 자신의 영역을 지키는 것을 알 수 있다.

그렇다. 동물들도 각자의 영역을 가지고 있다. 다른 동물들을 물리치고 방어하기 위해서다. 사람들도 저마다 거주 영역을 가지고 있다. 왜 세상에는 이렇게 많은 장벽이 존재하는 것일까?

각자의 삶에서 신원이 변화되는 여정에서 일관성 없는 삶은 장벽이 될 수 있다. 나쁜 영은 그리스도가 자신을 방해한다고 생각하고 비극적 실수를 저지른다. 그래서 마귀들은 그리스도께 자기 영역 안으로 들어오지 말라고 청한다.

영혼의 눈을 가진 사막의 성인 안토니오

나쁜 영에 사로잡히지 않은 성 안토니오의 삶을 조명해 보자. 3세기 이집트 카이로의 동쪽 사막에 들어간 안토니오는 주님 안에서 자신을 발견하기 위해 수도원을 세웠고 형제들이 늘어났다. 어느 날 안토니오를 찾아가던 두 형제가 있었는데 도중에 물이 떨어져 한 사람은 이미 죽었고 한 사람은 거의 죽어갔다. 기운이 없어 땅바닥에 누워 죽을 때만 기다리고 있었다. 그때 언덕에 앉아 있던 안토니오가 곁에 있는 수도사들을 불러 말했다.

"물 한 통을 지고 이집트 쪽으로 가면 이곳으로 오는 두 사람이 있다. 한 사람은 이미 죽었고 다른 한 사람은 너희들이 서두르지 않으면 곧 죽을 것이다. 기도 중에 그들을 보았다." 그곳에 다다른 수도사들은 스승 안토니오가 이른 대로 죽어 있는 사람은 땅에 묻고, 다른 사람한테는 물을 먹이며 꼬박 하루가 걸려 스타레츠[44]에게 데려갔다.

왜 안토니오가 한 사람이 죽기 전에 수도사들을 보내지 않았는지 묻는 것은 어리석은 물음이다. 그 사람이 죽은 것은 성인의 일이 아니라 하느님의 일이기 때문이다. 하느님께서 결정하셔서 죽은 것이고 안토니오한테는 나머지 사람에 대한 계시만 보낸 것이다. 언덕에 앉아 마음으로 깨어 있던 안토니오는 하느님한테서 멀리 떨어진 곳에서 일어난 일을 계시받고 그대로 행했을 뿐이다.

성 안토니오가 하느님께 거룩한 비전과 투시력을 부여받은 것은 나쁜 영에 사로잡히지 않고 진심, 곧 참마음으로 영혼이 깨어 있었기 때문이다. 레더의 요한에 따르면 하느님은 우리 마음과 정신에 나타나신다. 처음에는 당신을 사랑하는 사람을 정화하는 불꽃으로, 그다음에는 그의 정신을 밝혀 그를 하느님처럼 만드는 빛으로… 마음을 일으켜 깨우는 일은 당신의 몫이지만 진심, 곧 참마음을 채워주시는 분은 하느님이다. 그러므로 기도는 말씀이 내 안에서 활동하도록 마음을 내드리는 행위

---

44. staretz는 영적 사부로 문자 그대로 연장자 elder를 뜻한다. 이 말은 때로는 수도 공동체의 장을, 때로는 '영적 교사'를 뜻한다.

다.[45] 진정 마음속에서 들리는 말씀에 민감하도록 애쓰는 일이 현대를 살아가는 우리에게 필요하다. 이제 복음을 통해 또 다른 모습의 무딘 마음과 영혼을 만나보자.

마음의 중풍, 영혼을 치유하다

예수께서 안식일에 움직일 수 없는 중풍 병자에게 다음과 같이 말씀하셨다. "일어나 네 들것을 들고 걸어가거라."(요한 5,8) 실제로 중풍 병자는 전혀 움직일 수 없을 만큼 무력하지 않다. 그러나 예수께서 손발이 마비된 중풍 병자를 움직이신다.

멀쩡한 다리를 가진 사람들에게 안식일 법은 행동과 동작을 불필요할 만큼 제한하는 것으로 보일 것이다. 하지만 서른여덟 해 동안이나 꼼짝할 수 없었던 중풍 병자에게 안식일의 의미는 무엇일까? 중풍 병자는 서른여덟 해 동안 사람 대접을 받아보지 못했기에 몸을 움직일 수 없는 중풍병뿐 아니라 사람들을 믿지 못해 마음과 영혼에도 중풍이 걸려 있는 듯하다.

안식일의 본뜻은 하느님께 정신과 마음을 봉헌하는 시간이며, 선물은 우리 모두에게 부여되어 있다. 그런데도 불편한 몸으로 움직이는 것이 안식일의 근본을 방해할 수 있을까? 오히려 안식일은 마음의 고통과 나쁜 생각에서 벗어나 주님께 맑은

---

45. 마음의 기도에 대한 글(Philokalia), *Dobrotolubiye*(London: Faber, 1951), 24.

마음과 진심을 보여드리는 거룩한 날인데 불편한 몸, 특히 구겨진 마음을 예수님이 바로잡아 주시면 안 되는 것일까?

복음은 마비증상 자체가 죄와 잘못이라고 말하지 않는다. 복음은 움직일 수 없고 지금 위험에 처한 이를 치유한다. 주님께서는 왜 중풍 병자에게 "더 나쁜 일이 너에게 일어나지 않도록 다시는 죄를 짓지 마라."(요한 5,14)고 하셨을까? 중풍 병자가 지은 죄는 과연 무엇일까? 혹시 서른여덟 해 동안 앓아온 몸의 병보다 마음과 영혼까지 마비시키는 병을 만들어 사람을 믿지 못하는 불신의 죄가 생긴 것은 아닐까?

죄는 몸의 마비뿐 아니라 영적·내적 마음의 마비로 나타난다. 선을 향한 각자의 능력을 영적·육적으로 사용할 수 없는 것이 죄다. 실제로 서른여덟 해 동안 아무도 그를 도와주거나 말을 건네지 않았을 것이다.

예수님과 대화할 때 일방적으로 자기 말만 늘어놓는 것만 보아도 곧바로 알 수 있다. "건강해지고 싶으냐?"(요한 5,6)라는 예수님의 물음에 그는 계속 딴소리를 하며 억울함만 이야기한다. "선생님, 물이 출렁거릴 때에 저를 못 속에 넣어줄 사람이 없습니다. 그래서 제가 가는 동안에 다른 이가 저보다 먼저 내려갑니다."(요한 5,7)

중풍 병자는 병리학적 증상뿐 아니라 심리적 또는 신경정신과적 고통까지 겪는 듯하다. 곧 몸뿐 아니라 심리적·정신적인 장애까지 있어 보인다. 그도 그럴 것이 서른여덟 해 동안 사람들한테서 격리된 삶을 살았기에 나태와 시기와 분노에 찬 심적·정신적 마비증이 진행된 것이다.

예수님은 이러한 총체적 비상상태에서 중풍 병자를 건져내기 위해 총체적 고통에서 자리를 걷어들고 나오라고 말씀하신다. 마비증세 같은 작은 고통도 사람들을 공격해 미움과 격한 행동으로 인한 마비증으로 확대된다. 고통의 총체에서 벗어나 일어나 밖으로 나오라고 말씀하신다. 이 말씀이 혹시 우리한테도 유효한 것은 아닐까?

쉰여섯의 시각장애인 최영경 씨가 미대를 졸업했다는 신문기사를 보았다. "지난 4년간 미술을 전공하면서 그림이란 눈이 아니라 마음으로 그리는 것임을 깨달았어요." 사물을 제대로 보지 못하는 시각장애인 여성이 우수 졸업생으로 미술학부를 나온 것이다. 그는 "남편과 아들딸의 헌신적 도움이 없었다면 이런 기쁨을 누리지 못했을 것"이라며 눈물을 흘렸다.

미술학도를 가르치는 지도자의 길을 걷고 싶다며 그는 이렇게 고백한다. "시력을 잃은 뒤 그림은 사물의 형상을 세밀하게 묘사하는 게 아니라 마음으로 꿰뚫어 본 사물에 대한 생각을 진실하게 화폭에 담는 것임을 알았습니다. 이제야 그림에 조금 눈을 떴나 봐요."(조선일보, 2007년 2월 16일) 복음의 중풍병과 달리 어려운 과정을 겪으면서 마음의 눈이 맑아지고 넓어진 화가가 된 것이다. 마음과 영혼이 다시 태어나는 순간을 계속 체험하는 건강한 사람으로 거듭난 것이다.

영혼의 치유자, 말씀

병자가 치유받는 것을 성경에서 종종 볼 수 있다. "스승님, 벙어리 영이 들린 제 아들을 스승님께 데리고 왔습니다."(마르 9,17) '영이 들리다, 영이 아이를 사로잡았다.'는 것은 무엇인가 풀리지 않는 것에 단단히 매여 있다는 것이다. 외적 병의 증상은 의학적으로 간질로 보인다. 이렇게 인간을 방해하는 병의 원인은 무엇일까? "예수님께서 더러운 영을 꾸짖으며 말씀하셨다."(루카 4,35 참조)

성경을 합리적으로만 해석하는 학자들은 더러운 영의 현존이 병의 특성으로 나타나는 것, 곧 악의 지배에서 기인한 것을 믿지 않았다. 단순히 물리적 치료 대상으로 보는 경향이 있다. 과연 우리는 어디까지 합리적으로 병을 이해해야 하는가? 이 같은 병의 원인은 세 가지로 볼 수 있다.

첫째는 신체 기질적 원인이다.

이런 경우는 약물을 통해 치료한다. 다양한 원인이 있을 수 있기에 철저한 의학 검사를 통해 진단한다. 약물은 병이 나타나는 현상을 찾아내 그 원인을 제거한다. 시간이 갈수록 최첨단 의학기기가 개발되어 몸 속을 구석구석 찾아가 순환기 계통의 결함, 소화기 계통의 불량, 외과적 충격에 따른 통증, 암세

포까지 밝혀내고 제거한다.

둘째는 마음에서 오는 심리적 원인이다.

심리적 병의 원인은 정신과 마음에서 나타나면서 병을 일으킨다. 특히 물질적으로 각박한 세상에서 경쟁·능력·승리를 지향하는 삶을 요구하면서 일등만 살아남는 세상에서 부쩍 마음과 정신의 병이 생긴다. 특히 생명을 함부로 여기거나 경제적 이유로 벌어지는 끔직한 사건은 모두 정신적·심리적 원인을 지닌다. 우리는 모든 걱정·좌절·실패·세심한 마음에서 벗어나도록 노력해야 한다.

셋째는 보이지 않는 신비로움에서 오는 영적 원인이다.

내적 혼란이 병적 증상으로 변형될 수 있다. "어디에서건 그 영이 아이를 사로잡기만 하면 거꾸러뜨립니다. 그러면 아이는 거품을 흘리고 이를 갈며 몸이 뻣뻣해집니다."(마르 9,18)

과연 거품을 흘리고 이를 갈며 뻣뻣해진 아이가 지닌 병의 원인을 간질병으로, 단순히 신체적 기질로만 말할 수 있을까? 만일 심리적 원인이 아니라면 조심스럽게 영적 치유 전문가들과 함께 기도하면서 식별해야 한다. 식구들과 이웃은 영에 사로잡힌 아이를 위해 기도하면서 사랑을 전해야 한다.

교회 역사를 볼 때 구마기도(엑소시즘)가 이루어진 것을 알 수 있다. 물론 요즘의 의학 발전 기준으로 과거를 단순히 비판할 수는 없다. 교회 역사에서 악마를 물리치는 것은 2,3세기 그

리스도교 작가들에 의해 그리스도교의 신적 본성의 증거로 여겼다.[46]

 3세기에 구마기도가 시작되면서 그와 더불어 엑소시즘의 실행이 정리되기 시작했는데[47] 그것이 궁극적으로 두 개의 다른 형태로 교회 안에서 살아남았다. 미쳤다고 생각되는 환자에게 행해지는 엑소시즘과 세례에 앞선 전례 부분으로서 엑소시즘이다.[48] 그러나 이러한 실행은 다만 하느님 말씀과 기도, 그리스도교적 수덕주의의 힘에 의해 길러진 보편적 신앙의 특별한 고백이다. 이교도들에게 접근할 때 오리게네스는 성경의 특별한 모습을 강조했다. 그들은 자신들이 말하는 것을 해냈고 힘을 가지고 있었다.[49]

 영성가 에바그리오는 하느님의 말씀이 특별한 양분일 뿐 아니라 '무기'라고 설명했다.[50] "주님은 말씀 안에 계시다. 그분의 존재를 악마들은 감내할 수 없다."고 성 아타나시오는 말했다.[51] 이렇게 예수 그리스도의 이름, 십자가의 표시, 모든 기도, 특히 찬송에 대해서도 똑같이 말했다.[52] 결국 미덕이 그리스도

---

46. Jean Daniélou, 'Exorcisme', DS 4/2: 1995-2004.
47. Jean Michel Hanssens, *La liturgie d'Hippolyte*, OCA 155(Rome, 1959), 372.
48. Andre Benoît, *Le baptême chrétien au second siècle*(Paris, 1953), 39.
49. Contra Celsum 3.14; ed. Paul Koetschau, GCS 1(Leipzig, 1899), 213.
50. 이 표현은 유명한 Antirrheticos에서 온 측면이다.
51. *Epistola ad Marcellinum* 33; PG 27: 45A.
52. John Moschus, *Pratum spirituale* 152; PG 87/3: 3017; SCh 12: 205.

의 삶에 참여하는 것이며 하느님의 위업을 통해 적들이 사라진다. 영적 삶은 세상을 정화하고 악의 세력을 쳐부수는 힘을 지닌다.[53]

이제 내가 영혼과 마음이 함께 가는 기도여행「기도, 영혼이 다시 태어나는 순간」을 집필하는 목적을 말할 수 있겠다. 그것은 상처 난 마음을 치유하는 힘, 곧 영적 치유는 예수 그리스도의 말씀에서 일어남을 고백하기 위해서다. 이제 예수님의 말씀이 내 안에서 활동하여 치유 기적이 일어나길 바라며 말씀을 통한 마음의 치유여행, 곧 복을 부르는 기도를 마무리해 보자.

밤샘기도

몇 해 전 촛불집회가 서울시청 앞 광장에서 중고등학생들에 의해 시작되었다. 촛불은 본디 어둠을 밝히는 기능을 가지면서 누구를 위해 기도하거나 무엇인가를 기원할 때 쓰인다. 예전에 어머니들이 새벽 일찍 일어나 물 한 그릇 떠놓고 빌었던 정화수의 위력도 바로 촛불 아래서였다.

예수께서도 큰 결정을 하기에 앞서 기도하셨다. 세례 받을 때 기도하셨고, 제자들을 뽑기 전에 기도에 집중하셨다. "그 무렵에 예수님께서는 기도하시려고 산으로 나가시어, 밤을 새우며

---

53. A. and C. Guillaumont, 'Démon', DS 3: 189-211.

하느님께 기도하셨다."(루카 6,12) 이렇게 제자들을 뽑기 위해 주님은 고요한 산에서 밤샘기도를 하셨다. 그리고 오천 명을 먹이신 빵의 기적을 이룬 다음 홀로 산에 가서 기도하셨다.(마태 14,23 참조)

잡히시기 전 예수께서는 당신 자신과 제자들은 물론 믿는 이들을 위해 길게 기도하셨다.(요한 17,1-26 참조) 결정적으로 겟세마니 동산에서 기도하면서 기도의 모범을 보여주셨다.

"돌을 던지면 닿을 만한 곳에 혼자 가시어 무릎을 꿇고 기도하셨다. '아버지, 아버지께서 원하시면 이 잔을 저에게서 거두어 주십시오. 그러나 제 뜻이 아니라 아버지의 뜻이 이루어지게 하십시오.' …예수님께서 고뇌에 싸여 더욱 간절히 기도하시니, 땀이 핏방울처럼 되어 땅에 떨어졌다."(루카 22,41-44)

숨을 거두면서도 큰 소리로 외치셨다. "아버지, 제 영을 아버지 손에 맡깁니다."(루카 23,46)

이렇게 예수님의 생애가 기도로 이루어진 것을 알 수 있다. 성 이냐시오의 다음 말에서 우리가 예수님처럼 기도해야 하는 이유를 발견할 수 있다. '내가 나의 일을 할 때 그것이 나에게 달렸다면, 기도할 때는 하느님께 달렸다.'는 것을 믿고 그렇게 기도해야 한다.[54]

이같이 기도는 촛불 아래서든 캄캄한 산속에서든 모두가 마

---

54. T. Spidlik, *Il vangelo di ogni giorno IV*, 82.

음의 대화, 곧 하느님의 뜻을 간구하는 마음에서 출발한다. 기도는 모두를 위해 소통하는 마음의 대화로 해야 한다. 복을 받기 위해 기도하지만 사실 하늘에서 이미 내려온 복을 발견하는 것이요, 복은 우리 모두 함께 모아가는 것이다.

우리는 설날에 "새해 복 많이 받으세요." 하고 덕담을 주고받는데 그 어원이 단순히 복을 많이 받는 것이 아니라 이미 인간의 삶 깊숙이 존재하는 복을 발견하고 나누며 함께 만들어 가자는 뜻이 담겨 있다. 우리는 함께 기도하고 기원하는 삶에 익숙해 있다.

믿는 사람들의 영혼을 위한 기원과 기도는 네 가지 법칙으로 이루어진다. 청하라, 용서하라, 마음을 만나라, 영혼을 탄생시켜라.

첫째 단계인 '청하라'는 이미 받았음을 확인하는 과정이기에 하느님의 뜻을 구하는 데 있다. 둘째 단계인 '용서하라'는 자신과 이웃을 용서하는 것으로, 바로 하느님의 은총과 축복과 힘을 이끌어 내는 것이다. 셋째 단계인 '마음을 만나라'는 고요히 자신의 마음을 비우는 것인데, 이는 청한 것과 용서한 사람의 마음을 반영反影한다. 곧 자신의 마음을 돌아봄이다. 청하고 용서한 것이 적합한 것인지에 대한 마음의 반성이다. 마지막 단계인 '영혼을 탄생시켜라'는 청하고 용서한 자신의 마음을 고요히 돌아보며 영적 삶을 지속하는 것인데 궁극적으로 성령이 내 안에서 움직이는 삶을 실천하는 것이다.

그러나 이 모든 것보다 훨씬 중요한 것은 지금 기도하는 생활이다. 사실 혼자 기도하기가 쉽지 않다. 그러니 둘이나 셋 또는 그 이상이 함께 모여 기도모임을 한다면 분명 성령과 예수님께서 함께하실 것이다. 기도모임을 하는 것은 신앙생활에 매우 중요하며 영성생활에서 그 본질을 이룬다. 끝으로 마음과 영혼이 새롭게 태어나기 위해 한 주에 한 번 또는 한 달에 한 번 반드시 기도모임을 할 것을 권하면서 이 글을 맺고자 한다. 이것이 주님께서 바라시는 21세기 복음화의 지름길이며 영혼이 다시 태어나는 순간이기 때문이다.

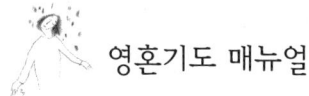 영혼기도 매뉴얼

내면 기도

"너는 기도할 때 골방에 들어가 문을 닫은 다음, 숨어 계신 네 아버지께 기도하여라. 그러면 숨은 일도 보시는 네 아버지 께서 너에게 갚아주실 것이다."(마태 6,6)

　기도는 하느님과의 대화이며 의사소통이다. 우리 모두 가까운 친구에게 속마음을 털어놓은 기억을 가지고 있듯 하느님과의 대화도 속을 털어놓는 대화, 곧 내면을 맡기고 내려놓는 대화가 최고다.

　예수께서는 생활하시면서 중요한 결정이 있을 때마다 성전에서 기도하셨고, 홀로 기도하러 산으로 가셨다. 하느님과 내적 말씀을 나누기 위해서다. 이렇듯 기도는 믿는 이들이 소통하며 행동하기 이전에 마땅히 해야 할 준비시간이다.

　"예수님께서 베드로와 요한과 야고보를 데리고 기도하시러 산에 오르셨다. 예수님께서 기도하시는데, 그 얼굴 모습이 달라지고 의복은 하얗게 번쩍였다."(루카 9,28-29)

　예수님께서 거룩하게 변모하셨다. 변모는 무엇인가? 변모는 본질이 변하거나 바뀐 것이 아니다. 내면이 드러나는 사건이다.

주님께서 본질 또는 본심을 바꾸는 마술을 부리셨다면 그것은 바로 악마들이나 하는 속임수를 부린 것과 같다. 거룩한 변모는 그런 것이 아니다. 그러면 주님의 거룩한 변모는 무엇이며, 어떻게 변모를 알아들어야 하는가? 이는 본래의 거룩한 영혼, 곧 내면을 다시 보여주는 것이다. 주님께서는 변한 게 아니라 바로 주님의 본질·본모습·내면을 드러내신 것이다.

빛과 사랑으로 변모한다

영성가들은 빛을 두 가지로 말한다. 하나는 외적인 빛인 감각이며, 또 하나는 내적 빛인 마음과 정신이다. 외적인 빛은 인간이 지닌 감각, 곧 눈·코·입·귀·손·몸으로 느끼지만 내적인 빛은 마음과 정신으로 느낄 수 있다.

내적인 빛은 마음과 정신 안에 비추어 오고, 그 빛을 통해 사람은 그 대상의 본질을 바라볼 수 있다. 세상을 변모시키는 것은 무엇인가? 바로 빛과 사랑이다.

사랑의 실천과 환한 빛이 세상을 아름답게 비추어 본질이 잘 드러나도록 하자. 사랑과 빛이 우리의 환경을 변화시킨다. 사랑하면 세상이 다르게 보인다. 참사랑을 깨닫고 체험하면 세상이 변화한다. 빛과 사랑은 주님과 성령한테서 기인되는 세상 변모의 원천이며 뿌리다.

마음으로 드리는 기도

우리는 공기를 들이마시고 내쉬며 호흡하는데 폐가 이 일을 한다. 공기는 심장을 둘러싼 폐를 통해 들어와 심장 주변을 휘감는다. 이렇게 호흡은 심장으로 통하는 자연스런 길이 된다. 공기가 호흡통로를 이용해 심장에 이르듯, 정신도 마음으로 보내기 위해 들이마신 호흡된 공기와 더불어 마음속으로 가져가 마음에 머무르게 한다.

이 동작을 익숙해질 때까지 반복한다. 마음에서 정신이 너무 빨리 빠져나오지 않도록 침묵과 고요 속에 머문다. 처음에는 내적 은둔과 격리가 매우 외롭고 멀게 느껴질 수 있다. 하지만 익숙해지면 여기저기서 목적 없이 떠도는 분심을 이겨낼 것이다. 바로 그때 내면에 머무는 것을 더 이상 불편해하거나 지루하게 여기지 않게 된다.

"그대들도 마음 안으로 들어가면 나처럼 하느님께 감사하십시오. 그분의 자비를 지속적으로 찬미하다 보면 다른 방식으로는 배울 수 없는 것들을 익히게 됩니다. 그대들의 정신이 마음 안에 굳건히 자리 잡으면 그저 골방에 머물지만 말고 끊임없이 이렇게 기도하십시오. '하느님의 아들이신 주 예수 그리스도님, 저에게 자비를 베푸소서!'

기도를 멈추어서는 안 됩니다. 그대의 정신을 환상이나 꿈에서 멀리하는 수행이 있어야만 마귀의 유혹이 침입하는 것을 막을 수 있으며, 하느님을 향한 그대의 사랑도 두터워집니다.

그대가 부단히 노력했는데도 정신을 마음으로 들여보내지 못했다면 한번 이렇게 해보십시오. 하느님의 도움으로 찾는 것을 얻게 될 것입니다. 사람들은 마음으로도 말을 주고받습니다. 입술로 말하지 않고도 그대는 자신과 대화할 수 있고, 기도하거나 찬송할 수 있습니다. 이제부터는 마음속 대화를 일절 중지하고(원하기만 하면 할 수 있다) 짧게 기도하십시오. '하느님의 아들이신 주 예수 그리스도님, 저에게 자비를 베푸소서!'"

한 영적 스승은 이렇게 고백한다.

"다른 생각은 끊어버리고 이 기도만이 그대의 마음속에서 계속 울려 퍼지게 하십시오. 정성을 다해 지속적으로 이 기도를 드리다 보면 마음의 길이 그대 앞에 열릴 것입니다. 틀림없습니다. 나도 이런 방법으로 하느님께 다가가고 일치했기 때문입니다.

내가 원하는 바를 열렬히 바라면서 마음을 모아 지속적으로 이 기도를 바치면 사랑·기쁨·평화 같은 감미로운 덕목이 그대 마음에 내릴 것이고, 모든 청원이 주 예수 그리스도의 이름으로 응답받게 될 것입니다. '그분께 성부와 성령의 이름으로 영광과 존경과 경배를 항상 이제와 같이 영원히 드리나이다. 아멘.' 하고 기도를 마치면 됩니다.

하느님은 우리 마음속 정신에 나타나십니다. 처음에는 그대를 사랑하는 사람을 정화하는 불꽃으로, 그다음에는 그대의 정신을 밝혀 하느님처럼 만드는 빛으로… 마음을 깨우는 일은 그대의 몫이지만 진심, 곧 참마음을 채워주시는 분은 하느님이십니다. 그러므로 기도는 말씀이 그대 안에서 활동하도록 마음을 내드리는 행위입니다. 진정 마음속 말씀에 민감하도록 애쓰는 일이 현대를 사는 우리에게 필요합니다."

나가며

누구를 위한 기도인가?

사목 일선에 나가면 교우들이 기도를 부탁한다. 딸아이의 건강을 위해, 남편이 성당에 잘 다니게 해 달라고 아픈 허리와 머리에 안수기도를 부탁한다. 정말 많은 사람이 기도를 바란다. 그러면서 일상 가운데 분주한 현대인들은 잠시도 고요함 가운데 머물 시간이 없어 보인다.

힘들고 어렵고 아플 때는 청원기도를 부탁하면서, 자신과 이웃을 만나고 책임 맡은 일을 수행하는 데 기도하는 마음으로 대하지 못할 때가 많은 것 같다. 그러나 이제부터는 걱정하지 않아도 된다. 청원기도와 용서기도, 마음기도와 영혼기도를 생활 속에서 자연스럽게 할 수 있기 때문이다. 기도가 삶이 되면 얼마나 좋을까 생각하지만 삶이 기도가 되는 심정으로 살면 된다. 시간을 내어 거룩한 공간에서, 그러나 시간이 없으면 삶 안에서 기도하면 된다.

본디 우리나라 사람들만큼 전통적으로 치성을 잘 올리고 기도하기를 좋아하는 민족도 없다. 그래서 우리네 어머니들은 군대에 보낸 아들과 출가한 딸, 출산하는 며느리를 위해 치성을 올린다. 우리나라 사람들한테는 종교를 가진 사람이나 그렇지 않은 사람이나 자신을 위해 누군가가 기도해 주는 것만큼 큰 선물은 없다.

이와 같이 우리 민족은 집안과 산, 거룩한 곳에서 치성을 드리곤 했다. 집안 치성·산 치성을 했고 거룩한 장소, 곧 성당·절·예배당 등에서도 기도했다. 기도 대상은 먼저 집안 식구와 조상님들인데, 기도를 드리는 사람은 목욕재계하고 깨끗한 옷으로 갈아입은 다음 상에 정화수 한 그릇과 촛불을 밝히고 손을 비비고 절하면서 소원을 발원한다.

산에서 행하는 기도는 준엄한 산 자체를 대상으로 하거나 산에 있는 큰 바위, 계곡의 은밀한 곳, 큰 고목나무 등을 대상으로 한다. 기도하는 사람은 목욕재계하고 사람들이 없는 새벽에 음식을 차려놓고 촛불을 밝히고 손을 비비며 절을 거듭한다. 새벽미사나 새벽예배는 이처럼 기도하는 우리 심성에서 비롯된 좋은 전통이 아닐 수 없다.

그런데 종교적 장소에서 드리는 기도와 집이나 산에서 드리는 기도의 목적에는 차이점이 있다. 집이나 산에서 드리는 기도는 식구들이나 자연물 자체에 있다면, 거룩한 특정장소에서 하는 기도는 유고한 식구나 자식, 식구들의 병을 낫게 해 달라는 병치성을 주로 한다. 더 많은 기도가 요청되는 경우는 집을 떠나 멀리 있는 사람의 안녕을 비는 때다. 또한 아들을 낳게 해 달라는 가문을 위한 기도도 적지 않은데, 기도의 양과 질은 개인이 정할 수 있고, 종교인들에게 물어 함께 정하기도 한다. 모든 기도는 사람과 사회 안에서 치유자 역할을 하기에 마음과 영혼을 맑고 밝게 하는 기도에 더욱 가까이 다가가는 삶이 요구된다.

시골 본당신부로 있으면서 미사를 봉헌할 때 신자들이 함께 드리는 공동체를 위한 기도시간에 그 지역 단체장을 위해 기도했다. 소문이 당사자한테까지 들어가게 되었고 단체장은 더욱 열심히 지역을 위해 일했다. 이같이 기도는 내 안의 치유자뿐 아니라 지역 공동체 안에서 화해를 이룬다. 이렇게 기도가 있는 곳에는 어떤 상처와 고통도 치유하는 기적이 일어나며 마음과 영혼이 다시 태어나는 순간을 체험하게 한다.

지금 세상은 하루가 다르게 변화하고 바쁘다고들 하지만 그럴수록 돌아가라는 말처럼, 하루 5분이라도 어느 곳에서든 가능하면 고요한 곳에서 자신을 돌아보는 기도를 한다면 기도가 자신만이 아니라 함께 살고 있는 이웃과 공동체를 정화하고 치유해 기쁘고 행복한 사회와 나라를 이룰 것이다.

사제양성에 몸담은 지 15년이 되었지만 나는 여전히 시간이 지날수록 사제양성에 인간적 한계를 느낀다. 짧게는 7년, 길게는 10년의 신학교 교육과 사제양성만으로 신학생들이 크게 변화할까 하는 물음을 종종 한다. 유아 시절부터 몸에 밴 신앙생활이 무엇보다 중요하고 그중 '집에서 하는 기도'가 사제양성의 뿌리임을 고백하지 않을 수 없다.

기도 체험은 하느님과 영적 만남의 첫걸음이며 자신과 교회가 변하는 힘이기 때문이다. 상처 받은 마음과 영혼이 다시 태어나는 기도는 예수님의 복음 말씀 가운데 다음과 같은 네 가지 형태로 나타나는 청원기도·용서기도·마음기도·영혼기도다. 예수님의 복음 말씀이 담긴 복을 부르는 기도가 개인과 공동체 안에서 치유의 힘을 발휘하길 기원하며 궁극적으로는 구원의 길에서 「기도, 영혼이 다시 태어나는 순간」과 함께 순례하길 바란다.